小犬丸遺跡（布勢駅家）検出の建物跡（龍野市教育委員会提供）

布勢駅家跡

布勢駅家駅院院では，北東部に東西2間6m，南北5間15mの南北棟礎石瓦葺建物が発掘されている。写真はその1つであるが，全体では10棟程度の建物群が推定される。瓦葺きの駅館建物は8世紀後半に成立し，11世紀には廃絶したものである。遺跡では，その他に石帯，布勢駅と記す木簡，駅家の門に取り付けられていたらしい巨大な鳥形木製品なども出土している。

構　成／岸本道昭

石帯

鳥形木製品（石帯，木簡とともに兵庫県教育委員会埋蔵文化財調査事務所提供）

「布勢驛戸主□部乙公戸参拾人

□中大女土□

□女□□

給穀陸×」

木簡

各地の古代道路遺構

古代道路の遺構は，地表では台地や微高地を切通す部分が，最も明瞭な形で残りやすい。かつての路面は台地上では細長い畑になり，微高地では掘り下げられて細長い水田になって残ることが多い。ここに現在道が通る場合，掘り下げ部が現在道より一段広くなっている。これらの遺構は空中写真や大縮尺の地図によっても認められるが，森林中の樹梢跡や藪に覆われた所などは，やはり現地調査によって確認する必要がある。　　　　　　　　構成・写真／木下　良

佐賀平野の場合

佐賀平野を16 km一直線に通って，吉野ケ里の古代官道に連なる，想定西海道肥前路の一部。(徳富則久「佐賀平野発掘の古代官道」参照)

肥前国小城・松浦郡境の場合

有明海と玄界灘の分水界を作る，小城・松浦郡界の峠部分に残る推定肥前路の一部。背後の杉林の中に凹地となって続いている。

筑後・肥前国境の場合

福岡県小郡市と佐賀県基山町・鳥栖市との県境は，筑後と肥前の直線国境として注目されているが，これに沿って道路状遺構があり，国境は道路を基準に設定されたと見られる。

播磨国明石台地の場合

兵庫県明石台地を通る想定山陽道は明瞭な直線の痕跡を残すが，明石市清水に細長い畑地となって残る部分は最も明瞭である。道幅は約5mと狭いので，平安時代の状態を残したものだろうか。(宮崎康雄「高槻市発掘の山陽道」参照)

常陸国の「五万堀」と呼ばれる道路遺構

常陸国東海道駅路の痕跡も空中写真によって明瞭に認められるが，各所に源義家当時の奥州街道の跡と伝える，「五万堀」と称する堀状の凹地となった部分がある。幅3mほどの現在道より一段高い幅約6mの部分が古代道の痕跡を示す。

大宰府周辺の道

大宰府周辺では福岡平野に向かう2本の広域道路（推定官道）が検出されている。2本の道は水城跡の両端にあったとされる「門」を通過する。西門から北へ N-55°-W で鴻臚館跡（推定筑紫館〔つくしのむろつみ〕）に，東門から北へ N-43°-W で博多遺跡群に向かう。東門ルートは近世に「府の大道」と称される日田街道になり，昭和初年に国道3号線の一部となった。双方の門付近に軸受けと方立のほぞ穴を持つ門礎が残されている。

構　成／山村信榮
写真提供／太宰府市教育委員会

水城東門と旧街道（左は現国道）

前田遺跡（官道）から北の水城西門をのぞむ（矢印）

旧街道（左の南北路）と推定官道西側溝（筑前国分尼寺跡第12次調査）

推定西門礎

東門礎

瀬田橋第1橋復元模型

瀬田唐橋遺跡

瀬田川（大津市）の川底から発見された7世紀代のものと考えられる「勢多橋」の遺構は基礎の平面形が六角形の特異な形をしていた。渡来人たちの技術を借りて造られたものであろうか。また橋脚の基礎の中や周りからは「橋よ強かれ」の祈りや、「旅よ安かれ」の祈りを込めたものか，無文銀銭を始めとするさまざまな遺物がみつかっている。

構　成／大沼芳幸
写真提供／滋賀県教育委員会

第1橋第1橋脚遺構全景

第1橋第2橋脚出土無文銀銭

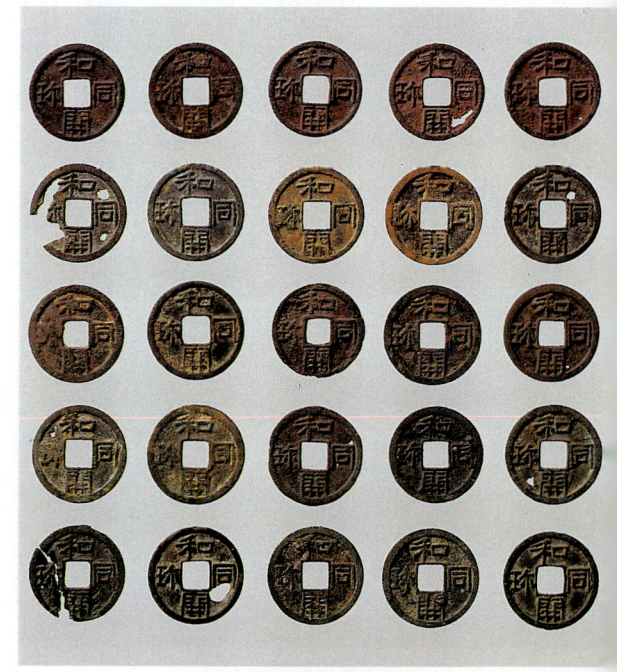

第2橋出土和同開珎

第1橋第1橋脚出土の土器類

（三原昇氏撮影，大津市歴史博物館提供，滋賀県教育委員会協力）

季刊 考古学 第46号

特集 古代の道と考古学

表紙デザイン・カット／サンクリエイト

空中写真にみる古道痕跡

構成・写真／木下　良

空中写真は古代道の痕跡を求めるのに最も効果的である。計画的直線古道の検出は，空中写真の利用が始まって以来急速に進展した。これらも現地調査によって確認する必要がある。（木下良「古代道路の地表遺構」参照）

◀東南

条里水田（左）と畑地を通り丘陵を横切る古代道の痕跡（福岡県豊津町）
空中写真は昭和37年国土地理院撮影
KU-62-9，C4-16の部分を縮小

上掲空中写真の→部を西北から撮影
現在はこの部分以外は耕地整理のため遺構は消滅。この部分も自衛隊基地内に入って通行できない。

◀東

条里地割に沿い，丘陵を横切って樹梢跡を見せる古代道（福岡県行橋市）
空中写真は昭和37年国土地理院撮影
KU-62-9，C3-11の部分を縮小

上掲空中写真の樹梢跡
→部を西方より撮影

小矢部市の推定北陸道

構　成／伊藤隆三
写真提供／小矢部市教育委員会

富山県小矢部市内の推定古代北陸道は，加賀・越中の国境（倶利伽羅峠）を越え，松永遺跡付近で平野部に至る。道はこの後東南東に進み，道林寺遺跡付近で北北東に進路を変え，直進して現石動市街地街口に達する。ここからは山よりのルートをとり，山裾に添って北上を続け，桜町遺跡に向かって直線的に延伸するものとみられる。

道路の幅

古代道路は直線的路線をとって計画的に設定されたが，発掘によって確認された道路の幅は両側溝間の心々距離で測ると，都城に繋がる下つ道の23ｍや，難波大道の18ｍは格別として，奈良時代の駅路は9ｍ，または12ｍ前後，伝路は6ｍ前後であった。平安時代に入ると，駅路も6ｍ前後に狭められ，伝路並みの広さになった。1丈（3ｍ）単位で設定されたのであろうか。　　構成／木下　良

難波大道――23人が横に並べる道幅がある（『大和川・今池遺跡発掘調査資料』その6より）

将軍道の築堤部――黒土にローム土を入れている

将軍道――丘を切って直線に通る

はっきりした側溝（新田町教育委員会提供）

わかりにくい側溝
（久留米市教育委員会提供）

路面の状況

古代道の路面は，ほとんど硬化面が認められない所もあるが，国府や郡家など地方官衙の所在地付近などでは，小石や土器片を敷く所もある。また，路面の中央をやや掘り窪めて，その上に土を入れて固めた所もある。その際，被覆土の下の路床面に波板状の凹凸面を作ることがあり，その成因については路面築造の工法に由来するとの解釈や，枕木状の丸太を敷いた結果生じたものとの解釈などがある。このような凹凸面は古墳時代の道路にすでに見られ，また近世の道路遺構にも見られることがあるので，各時代に共通の現象として検討を要する問題である。

構 成／木下 良

高槻市嶋上郡家前付近の石敷山陽道
（高槻市教育委員会提供）

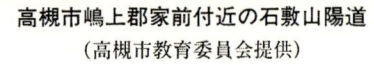

奈良県鴨神遺跡の古墳時代の道路
（県立橿原考古学研究所提供）

国分寺市の推定東山道武蔵路
（武蔵国分寺関連遺跡調査会提供）

所沢市東の上遺跡の波板状凹凸面
（所沢市教育委員会提供）

季刊　考古学

特集

古代の道と考古学

対　談
古代の道を語る

木 下　良・坂詰秀一
古代交通研究会会長　　立正大学教授

1　古代交通研究のあゆみ

坂詰　最近，古代の道について，考古学界でもとくに注目されています。従来気がつかなかった資料が次から次へと出てくるようになってきました。重要な発見がありますと，急に研究が進むという考古学の雰囲気があります。

　私自身は，古代の交通問題を考えるときに，非常に気になったことがあります。それは昭和56年に『歴史考古学の基礎知識』を公けにしたのですが，そのなかで古代の交通問題を取り上げる必要があると思いまして1頁を割きました。隠岐の駅鈴と板橋源先生発掘の新平遺跡（にっぺい）の紹介です。そして山陽道の駅家は瓦葺だった，ということを付け加えました。昭和50年代の中頃にはその程度にしか触れることができなかったのです。

　その前に，個人的に関心をもったこともあります。例えばインド・ラジギールのビンビサーラ大王が通ったという道路の跡です。轍（わだち）の跡が岩盤に残っていました。出てくる土器から見れば確かに古い。そういうものを見まして，日本でも道路の跡が残っているのではないかと考えたことがあります。

　国内では，国学院大学の樋口清之先生を中心として東京都北区の桐ヶ丘遺跡の発掘をしたことがありますが，その地が豊島（としま）の駅の比定地の一つだと言われている所でした。大きな竪穴が一つと小さい竪穴が数基みつかりました。そこで"豊島の駅の発掘か"と騒がれたことがありました。

　ちょうどその頃，坂本太郎先生と菊池山哉さんが，乗瀦（あまぬま）駅の問題を論議しておられました。乗瀦～豊島というので，論議されたのを記憶していま

木下　良氏　　　　　　坂詰秀一氏

す。また『品川区史』の関係で，大井駅を調べたいということで，その推定する場所を掘ったことがあります。そんな程度でした。

　これは私の個人的な体験から申し上げただけですが，学界全体としても，あまり古代の道路を発掘するというような雰囲気はなかったのではないかと思うのです。こういうようなものが出てきたら「これこそまさに道路の跡だ」というような解釈はなかなか出て来ませんでした。

　そのような状況が，ここにきまして一挙にいろいろな条件が整い，古代道路をめぐる学際研究，共同研究が進んできたといえましょう。その共同研究の推進者であります木下先生のご経験を踏まえて，研究の歩みを概観していただきたいと思います。

木下　これまでの永い間，日本の古代の道路は果たして道路として確認できるかどうかという疑問があったわけですね。というのは，踏み分け道から始まって，それを拡げた程度の，道幅もせいぜい2m——これは田名網宏先生が2mとお書きになっているんですけれども，それぐらいの道ではなかったかと。これは江戸時代の五街道でも，

せいぜい幅が2間，それも歩行を原則としている道であると。そうすると，古代にそれ以上の道があったとは考えられないという前提があったわけですね。これが永い間，昭和40年代までそういう考えが一般的で，今でもまだ残っているわけなんですけれども……。

ところが，これに対してもう一つの見方としては，日本の古代というのは都城の条坊制とか，耕地の条里制とか，非常に計画的に行なわれているところからみると，あるいは計画的な道路も考えられるんじゃないか。

これは世界的に見て，古代国家というのは中央集権国家ですから，ローマ道を典型にしまして，非常に道路が整備されている。これは洋の東西を問わず，それから時代を問わず，例えばインカなんかでも非常に見事な道路がありますから，そういう観点から言えば，日本でも考えられるんじゃないかというのが，ちょっとわれわれの頭の中にはあったわけですね。結局，昭和40年代ぐらいからそういう方向の研究が進められてきました。

ところがそこに至るまでには，かなり永い研究の過程があるわけですね。まず江戸時代から古代駅の位置の比定が行なわれていますね。江戸時代には全国的に各種の地誌が作られていますが，そういった地誌の中で駅の問題が取り上げられています。

例えば幕末にできた『新編常陸国誌』，この駅の考証は豊崎卓さんなど，後世の研究者にも非常に影響を与えているようですね。

まず明治14年に，当時の駅逓局の御用係であった青江秀が『駅逓志稿』という，これは古代から近代までの駅逓に関する通史ですが，非常に簡潔な本文と詳細な考証を加えています。

この中で，平安初期に伝馬を廃止したということを取り上げていますが，これは後に坂本太郎先生が疑問視されました。しかし，これは最近またとりあげられるようになっております。

具体的な駅の所在地の比定ですが，これは明治末年に入ってから，2つの大きな著作が出ております。一つが邨岡良弼の『日本地理志料』(明治35・36年)，これは『和名抄』の郷名の注釈書ですから，必ずしも全部の駅が入っているとは限りません。が，かなり詳しい考証をしています。もう一つが吉田東伍の『大日本地名辞書』(明治33〜40年)，これはすべての駅名について考証しています。古

代駅伝制には伝馬と駅馬という二つの制度があるわけですが，吉田東伍は伝馬は駅の所在郡に置かれたと解釈しましたから，これがくい違っている場合には，『延喜式』の誤記だとしています。

この二書はよく知られていますが，あまり知られていないのに大槻如電の『駅路通』(明治44年，大正4年)というのがあります。これは駅路を専門に書いた著作としては，『古代日本の交通路』以前で唯一のもので，非常に注目すべきものだと思います。ただ，かなり独自の見解が入っており，勝手に駅名を変えたり，駅を補ったり恣意的なところがあるんですけれども，現代でもかなり参考になります。国府についても考証していますね。

ところで明治末年に日本歴史地理学会が創設されまして，『歴史地理』という機関誌が月刊で出ました。これが郷土研究を非常に盛んにし，全国的に駅の研究も行なわれたと思います。ただ全体的にまとまったものはなく，昭和に入ってから，井上通泰の『上代歴史地理新考』(昭和16・18年)ぐらいのものかと思われます。

2 古代交通史研究の二つの視点

坂詰 古代の交通に関する問題として，江戸時代からすでに郷土史家が中心になってまとめたり，あるいは邨岡さんと吉田さんの2つの——これは学生諸君が郷土の歴史を考える場合に，必ず繙くという有名な著作です——方向性が出てきたというご指摘をいただいたわけですが，このような前段階の研究を踏まえて，一般的には文献史学の立場から行なわれた研究と，歴史地理学的な立場から行なわれた研究と，この2つが大きなうねりとして出てきたと思うのです。

われわれが学生時代よく言われてきたのは，坂本先生の『上代駅制の研究』は必読書の一つでしたが，それを拝見しても，遺跡として遺構としての道路であるとか駅家が見えてきませんでした。一方，藤岡謙二郎先生を中心とする方々のご研究は即物的でありまして，地に足を付けたものが出てくるのです。ところがその時代がはっきりわからないのです。

ということで，それぞれ相補いながら，それぞれの立場の研究が進んできたと思いますが，その段階の研究についてはいかがでしょうか。

木下 やはり坂本先生の『上代駅制の研究』。

これは卒業論文をまとめられたものだそうですが昭和3年に出されており，すでに古典の域に達した非常にすぐれた研究だと思います。文献でいきますと，どうしても律令，それから格式といった制度の問題から取り上げられていくことになると思うんですね。それを坂本先生は唐の制度と比較しながら，非常に丹念に，また簡潔にまとめられているかと思うんですが……。

　その中でまず，駅制というのは大化以後に，中国の制度を採り入れて始まった。しかしそれ以前も，おそらく欽明朝あたりから徐々に起こっていたのではないかというふうに解釈されています。そして奈良時代がその駅制の発展期であり，また律令の典型的な遵守の時期である。そして平安時代は駅の整理時代である。したがって『延喜式』というのは，律令期の最後の段階を示しているんだということを考えておられるわけですね。そして10世紀の末代には，かなり衰退をしている。

　それから駅と伝は唐の制度を模倣したものにすぎないので，本質的な違いはないという解釈をしておられるわけです。伝は駅を補うものというふうな解釈をしているわけですね。ただ，中国の場合は，駅は騎馬であって，伝はどうも車を使ったらしいんですね。日本では車を使わなかったのでそれがごっちゃになると言いますか，そういった問題があるわけです。

　それから坂本先生ご自身が，とくに著作の中で自分が明らかにしたんだということを言っておられるのが3つほどありまして，1つは駅というのは交通の施設であると同時に，郷と同じように行政区画であるという。これは今まであまり取り上げられていなかったわけですね。それから飛駅というのと馳駅という語がありますが，従来その区別がはっきりしなかったんだけれども，飛駅は名詞であって，馳駅の方は動詞で，結局は同じことなんだということを指摘しておられます。それから水駅というのが従来はあまりはっきりしなかったんだけれども，これは港ではなくて，川に置かれたものであって，川を上下する，駅船を使う駅であるという解釈をされた。これは坂本先生ご自身が特徴として上げておられるわけですね。田名網先生の『古代の交通』とか，青木和夫さんが山川出版の『体系日本史叢書』の中の『交通史』で古代のことを書いておられますが，こういったものは，やはり坂本先生のお仕事からつながってき

ていると思います。

　これに対して，実際に駅名が『延喜式』に出ていますので，その駅名の位置比定が江戸時代以来行なわれていたわけですね。それをもう少し詳しく丹念にやっていこうとしたのが，歴史地理の方の立場の研究だと思うんですね。

　先ほどの井上通泰も『上代歴史地理新考』と，「歴史地理」という言葉を使っておりますけれども，その歴史地理的な研究で，駅の位置比定ではお二人の仕事がやはり注目されると思うんです。1つは信濃史学会を主催されていた一志茂樹さんです。一志さんは地方史研究の立場から，地方史の場合には文献が非常に少ない，したがってあらゆるものを史料として使わないと地方史はできないんだという立場を取られたわけですね。その中で地名，とくに小字地名を重視されたわけです。その他にもちろん考古資料も使っておられますし一志さんは地理をおやりになっていた方ですから微地形や水利などにも注目しておられます。それと同じように藤岡先生の場合も歴史地理という立場から，やはり小字地名を駅家関係地名群としてとらえ，それに微地形とか湧水とかの地理的条件，それに考古資料を使うという，まったく同じようなやり方をしているわけです。ただ地名は年代比定が非常に難しいので，決め手にならないという問題があるわけです。

坂詰　昭和30年でしたか，アテネ文庫で『日本古代の交通』を坂本先生がお書きになりました。学生時代に読みまして，考古の方でこれが活用できないかと考えたことがあるんです。その後，田名網宏先生の『古代の交通』（昭和44年）を読みましたが，遺跡が全然出てこないのですね。なにしろ図がないのです。

　古く喜田貞吉先生の歴史地理学的な研究が都京を中心に行なわれましたが，その後文献史料に地理学的な視点を加えた研究がなされるようになりました。例えば，一志先生の方法であり，藤岡先生の方法です。

　一志先生の場合にはミクロ的ですね。信濃に限定しておやりになっている。それに対して藤岡先生の場合は，構想が雄大ですね。外国の都市を例にあげる。ですから藤岡先生のやり方はグローバル。それに対して，一志先生は郷土史的な手堅い方法です。対照的な方法ですね。

　このような方法は，マクロ的であると同時にミ

クロ的な視点を有するという新しい視点から地理学の方々が展開していったと思います。

木下 今の藤岡先生と一志先生の仕事に付け加えておきたいんですが、それは従来の明治以来の歴史地理の研究の中で、われわれ地理の者は「スケール」（縮尺）ということをよく言います。と言いますのは、明治時代の人たちは、輯製図と言われる20万分の1の地図を見ながら研究をしていたと思うんですね。ですから地名も大字程度のものなんです。それに対して、藤岡先生や一志先生がおやりになったのは、小字を単位にして地籍図でかなり細かく分析する。もちろん5万分の1、2万5千分の1地形図も使うわけですが、そういうふうにスケールがより大きくなっていくわけですね。それからさらにもう1つ進んだのが、空中写真なんかを使うという段階だったわけです。

空中写真といえば、昭和の初めにすでに森本六爾さんが『考古学』で「飛行機と考古学」という特集をやっていますが、その中でクロフォードの抄訳をして、空中写真の利用法について述べております。そしてその中にローマンロードが空中写真でよくわかるということから、「日本の古代道も空中より調査をする必要がある」と森本さんが書いているわけです。ところが当時はまだ航空は軍用だけに限られていましたから、結局40年以上も後のことになってしまったわけです。その点、森本さんの着想は非常に優れていたと思います。

ところで、空中写真は昭和30年代の後半ぐらいから自由に使えるようになったわけです。これは終戦直後にアメリカ軍が全国を撮影しまして、これが国土地理院の方に移管されるようになって、それの印画が入手できるようになったわけです。それから国土地理院自体も、新しい地図作製に空中写真測量を使うようになりましたので、新しく写真撮影をやる。そのプリントも入手できるようになったわけです。また空中写真によって例えば5千分の1とか2千5百分の1という大縮尺の地図が作られるようになりました。平城京の調査では千分の1の地図を作ったんですね。

そういったものをいち早く利用されたのは文献史学の研究者ですが、岸俊男さんなんですね。岸さんは自分でも空中写真を利用しておられましたが、昭和45年に3つの論文を発表して畿内の都城が計画的な道路を基準に設定されたということを指摘されたんですね。これらは『日本古代宮都の研究』（昭和63年）の中に収録されております。これとほぼ同じころに、やはり橿原考古学研究所の秋山日出雄さんが条里と道路との関係を取り上げられているわけです。

それから地理の方では、やはり条里制研究をやっている服部昌之さんが国や郡や郷の境界に道路が使われているということを指摘されているわけですね。さらに足利健亮さんが昭和45年から48年にかけて、畿内とその周辺で直線的な古代道の痕跡があるということを指摘されています。ところが、これは畿内とその周辺にとどまっていたわけなんですけれども、これが全国的に拡大したのが昭和47年に科学研究費の助成を得て藤岡先生を中心に行なわれた全国の駅路調査です。

実を言いますと、この時はまだ藤岡先生ご自身が計画的な道路などは考えておられなかったものですから、やはり小字地名をもとにした駅の所在地比定が中心だったわけです。ただその中で、駅だけでなくできれば道路もみつけたいと思って、現在阪大にいる金坂清則さん（当時大学院生）、彼が上野と下野を分担して、私は肥前と肥後を分担したわけですが、空中写真を利用しました。そして両方で直線道の痕跡をみつけたわけです。これが切っ掛けになって、それ以来他の地方でも空中写真や大縮尺の地図を使ってかなり細かい調査を行なうようになったんです。

こうした中で大縮尺の地図を使うことによって明確になったのが、条里が109mごとの方格になっているわけですが、道路の部分では 10〜20m ほど余分が出ることがわかったわけです。というのはそれが道路の幅であって、条里地割は道路の両側から施行された結果、そのような余分が出るんだということがわかったわけですね。これをわれわれは条里余剰帯と呼んでいます。そこで条里地割は道路を基準に行なわれたということが明確になったというわけです。

全国各地で道路の痕跡がみつかるようになりますと、他の分野にも影響を与えることになります。このように想定された道路が考古学的に発掘され確認されるということ。またそのような計画的な道路があったということが制度的な研究も再検討するということになってきたと思います。

3 「古代交通研究会」の発足

坂詰 以上のような研究を経ながら古代交通の

研究は進展してきたわけですが，それを総合して学際的にやろうと意図したのが古代交通研究会の発足ではないかと思うのです。

その古代交通研究会は，すでに雑誌が2号出ておりますし，大会は2度も行なわれております。古代交通研究会の発足前夜のことなどを一言お願いできますか。

木下 私は歴史地理学の立場から直線的な計画道路の痕跡があるということを指摘してきたわけですが，これはもちろん私だけではなくて，数人の研究者がやってきたわけなんですが，これが他の分野では必ずしも充分には認識されていないわけですね。

少しはばかりがありますけれど，平成4年刊行された『日本交通史』で田名網先生は古代道は2mほどの幅とお書きになっています。計画的な道路は全く意識されておられないわけですね。それから各地にかなり明瞭な道路痕跡があるわけですけれども，これが周知の遺跡として認められていないわけですね。そのために開発に際しても発掘調査が行なわれないままに壊されてしまうという問題もあるわけです。

そこでこのようなことを何とか広く知ってもらう必要があるんじゃないかということで，最初は私どものグループの研究発表機関として「古代道路研究」とでもいう雑誌を作ろうかと個人的に考えていたわけです。そういうところへ群馬県境町教育委員会にいる坂爪久純さんが矢ノ原遺跡という遺跡を掘ったわけです。路面に当たる部分がすでに分水路で切れていまして，彼は水路と考えていたんですが，私は道路じゃないかと言ったわけです。ところが実際にそれは道路であるとわかったわけですが，その辺から彼は道路に非常に関心を持ってきました。

それから墨田川高校に勤める佐々木虔一さんという古代，とくに伝馬制の研究をやっている人なんですけれども，そういう人たちがよく会うようになりまして，そこで坂爪さんととくに佐々木さんあたりが中心になって，私を動かして研究会を作ったらどうかというふうに持ってきたんです。

結局，平成4年6月の末に創立大会を行ないましてその際にできるだけ広い分野の方にというの

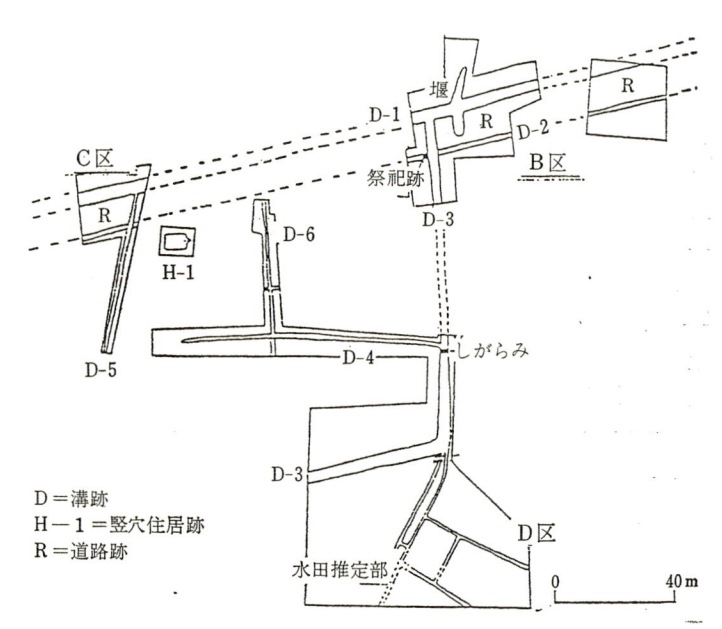

D＝溝跡
H－1＝竪穴住居跡
R＝道路跡

図1　矢ノ原遺跡概念図（境町教育委員会提供）

で，地理・文献・考古，それに国文・民俗学，それから土木史，こういった方面の研究者にも働き掛け発起人になっていただいて発足したわけです。

現在会員が450人ほどですが，会員の半数以上が考古学関係で，主に現場を担当されている方々です。これはやはり，最近道路が実際に遺跡として出てくる。ところが道路の発掘の経験は皆さんほとんどないわけですから，そういった情報を是非ほしいということもあったかと思うんです。

ところがやはり問題がありまして，半数以上の会員が首都圏の在住者で，これは関東地方で現在盛んに道路が発掘されているということがあると思うんですが，その結果，会員の全くいない所もあるわけですね。そういう所にもやはり道路痕跡があるわけで，こういった方面への働き掛けがもっと必要じゃないかと思います。それからこういった古代道については，いわゆる研究機関に所属していない民間の研究者がかなりいるわけで，そういった人たちにも働き掛ける必要があろうかと思っているわけです。

とにかく何とか発足できて，これから共同研究という方面へも進めればいいなと思っているところです。

4　古代道路跡の発掘

坂詰 古代交通研究会は考古学の分野でも注目

されております。考古学では遺跡を発掘すると何が出てくるかわからないのですね。ですからあらゆる情報をほしがります。そこで古代交通研究会で道路についての論議があるというと、情報獲得のために考古学の人が集まるのです。今までそういうのがなかったものですから、先生を中心に会が発足すると情報を交換する場として、この研究会が大きく発展していくことは疑いないですね。

具体的にまだ全国にわたって道路跡の発掘が行なわれていないというご指摘もありますが、すでにいくつか道路の発掘が行なわれ、従来、溝１条と思っていた所が、実はそれは道路の側溝だったということがわかってきた。側溝が１条出たとき、右側へ掘っていいか、左側に掘り広げていいかということがわからなかったわけですが、最近は大体立ち上がり部分がわかってきまして、もう１条の側溝はどちらに出るだろうかと見当がついてきたようです。

その場合には、関東のローム層と、西日本のようなシラスとではやり方が違うんですね。関東で道路を見ていますと、例えば九州へ行って吉野ケ里の裏を見て違うな、と感じるわけです。木下先生は全国的に一番ご覧になっていると思うのですが、そういう目でご覧いただくと、道路遺跡も考古の人にこういう点を注意してもらえばいい、というようなことも出てくるのじゃないかという気がするのです。

今までいくつか道路の発掘が各地で行なわれておりまして、その代表的なものはこの号の中に触れていただいていると思うのですが、道路跡の発掘の現状について、先生のご感想はいかがでございましょうか。

木下 私も関東ではできるだけあちこち見に行くようにしているんですが、他の地方の場合には実際に見ることができる機会はあまりないわけです。今のところとくに出ているのは、関東と九州ですね。畿内はそれほど出ていないという。本当はもっと出ていいような気がするんですが……。

坂詰 岸先生がご指摘された大きい道がありますね。あれを片っ端から検討して掘って確認するということはできないのでしょうか。

木下 畿内の場合は現在も道路として使われている所が多いものですから……。ただ関東の場合は側溝が非常にはっきりしていますね。ところが九州で２，３見たのですが、かなり側溝が乱れて

いるといいますか、掘り直し、それから拡幅ですね、かなりそういった違いがあるように思います。

道路の発掘では、前から直線道が通っていると想定されている道路が掘られる場合、これは先ほどお話がありました吉野ケ里は、私が昭和47年に想定したのが発掘され、確認されたということになります。金坂君が想定しました上野の高崎から前橋の方へ向かって通っている道路、これは高崎市や群馬町あたりで掘られて確認されたわけです。それから下野の将軍道もやはり金坂君が東山道駅路に想定したもので、これも発掘で確認されております。

一方、全く予想されていない所で出てくるものもあるわけですね。一番典型的なのが先ほどお話をしました群馬県の境町から新田町にかけての、坂爪さんが牛堀〜矢ノ原ラインと言っている 10km 近く一直線に通っているんですけれども、これは両側溝の心々 13m という道路なんですけれども、8世紀末には廃道になっているんですね。そして矢ノ原遺跡の所見によりますと、北側の側溝が掘り下げられて、灌漑用の水路に変えられている。それに井堰を作ってかつての道路の所に分水路を作っているんですね。その反対側の側溝にあたる所に祭祀遺跡がありまして、それが8世紀末のものである。そこで8世紀末には廃道になったと解釈されているわけですから、これは『延喜式』のルートとは全く別になるんですね。

一方、金坂君が想定して、群馬町や高崎市で発掘したのは心々 6m の道路なんですが、これは9世紀に始まると考えられる。そうすると、どうも上野では駅路が変わったんではないか、そういった問題が出てきたわけです。

一方、当然通っていていい所でありながら、地上に痕跡が残っていないからわからなかったというのが、例えば国分寺市から府中市で出てきた幅12m の道路ですね。これは所沢での所見で8世紀末には廃道になったと考えられる。そうしますとこれはまさに武蔵国が東山道に所属した当時の、東山道武蔵路であるというふうになるわけです。

結局、歴史地理的な方法では限界があるわけです。というのは、地上に痕跡がないとわからないわけですから、全く埋没してしまっている場合は何ともならないわけで、それはやはり発掘によって確認されるということです。

それから発掘によってわかったことは，幹線道路の幅ですが，12m 前後というのがかなり多いですね。しかもそれが 8 世紀代の状況で，9 世紀以降になると，6m ぐらいになるらしい。高槻市で発掘された山陽道は奈良時代には 9m 以上12,3m あった。ところが同じ場所で平安時代には 6m に狭められているという。こうしたことにも関連してきますね。それから駅路と思われない所にやはり 6m 前後の 8 世紀代の道路がみつかっています。これは何だろうと。そこでわれわれは伝馬の道，伝路というのを考えるようになったわけなんです。

やはり発掘によっていろんな新しい進展が出てきたと思うんですね。もちろん構造とか路面の状況，道路自体の問題もあります。とくに路面の場合は，国分寺市や所沢辺りで見つかりました波板状の凹凸が，一体どういう性格のものかという問題もあります。

5　駅家の発掘

坂詰　いくつか整理していただきましたが，とくに今のお話の中で重要なことは，奈良時代の道路に対して，平安時代になると道路幅が狭まるということ。これは非常に大きな問題だと思います。このようなことは従来全くわかりませんでしたから，なぜそうなったのか。奈良時代の道路は軍事的な面に中心的な役割が置かれていた。軍事優先ですから，道幅の広い軍事道路が設計された。それが平安時代の中ごろ以降になると律令体制が弛緩してまいりますから，軍事は次善のものということになる。やはり今までの道路行政とは別の道路行政が現われたということは予想がつくわけですが，そういう具体的な事例を先生の立場で整理していただくことは，今後の日本の古代史の研究上大きな問題を提起するのではないかと思うのです。奈良時代の政治的な特色が道路の研究によって改めて浮上し，新しい評価が与えられることになるのではないかという気もします。

現在，各地でたくさんの道路跡が調査されていますが，不思議なのは前に先生がご指摘になりました駅家の問題ですね。駅家につきましては，かつて文献記録から山陽道は瓦葺きで白い壁。それは賓客のためだろうと言われていたわけですが，実際には考古学の方でもこの評価については 2 つの立場があったと思うのです。

例えば鎌谷木三次さんなどは，あれはやはり寺か郡衙だという広い立場で捉えているし，今里幾次先生は駅じゃないかと考えてきた。そして播磨国府系瓦が出てくる所を注意しようじゃないかというご提言をされたと思うのです。それを高橋美久二さんが積極的に究めていった。

そういう中で，小犬丸が布勢駅家の跡だと断定され，あるいは落地（こいぬまる）の問題というものが出てきたと思うのですが，従来文献の方が言っていた想定，そして歴史地理の方が考えておりました道筋，それが今度は発掘によって具体的に駅家跡が出てきたということで，方法論的には文献史学と歴史地理学と考古学という三者が一つの土俵に乗ったのが，この播磨の山陽道をめぐる問題だと思います。

とくに駅館院の跡のようなものが出てきたということは，今後における駅家の形がどのようなものであるかという点について，一つの示唆を与えることになってくるのではないかと思われます。それが朝堂院形式を呈しているかどうかということも問題ですが，一つの方向性として駅家の遺跡が掘られたということは，道路と駅館院との距離的な問題であるとか，時代を決める遺物の相関関係とか，いろんな問題が出てくるのではないかと思うのです。

今までの先生のご経験を踏まえて，瓦葺でないというと山陽道以外ということになりますが，山陽道以外の駅家を探すという場合に，何か共通性なり地形的な特色であるとか，そういうのはありませんか。

木下　そういう意味で山陽道の駅をもう少し他にも何例かやっていただくと，駅の典型がわかるわけですね。これは他の所でも非常に参考になるだろうと考えています。駅の位置が最もはっきりしているのはやはり播磨だと思います。これは今里さんと高橋君の業績があると思いますが……。

私たちは播磨で駅路を想定してみたわけです。空中写真で痕跡があり，条里に対して余剰部分が出てくるという。それで直線道路をずっと想定してきますと，見事に瓦の出土地をつなぐわけですね。だから考古学の方で想定された駅館とわれわれが想定した道路と両方が補完しあって，より確実性を増してきたという。そういった意味で，私たちも非常に力を得たわけです。

播磨での駅の位置を考えてみると，駅路に面し

てやや高台に駅館があったのでないかというように思われます。駅館に想定されている瓦出土地はやや高台に多いのですね。ただ，小犬丸の場合は高台というほどではなく，山麓のちょっと小高い所ですね。

しかし上郡の落地遺跡という，これは圃場整備をやっていて，柱穴が出てきたということで偶然見つかったものですが，ここは全くの低地なんですね。川のすぐそばにありまして，どうも窪地を少し埋めて作ったんではないかと思うような場所です。こういった場所にどうして作ったんだろうという問題があります。

ここも瓦の出土地は小高い所です。場所は 200～300m ほど離れますが……。どうも移転したんだろうと考えられます。と言いますのは，落地遺跡の場合，7世紀の中頃から8世紀の中頃までと考えられています。そして瓦葺駅館に想定されている所の出土瓦は8世紀後半から9世紀なんですね。落地遺跡の場合，非常に面白かったのは道路が東北から西南へ通っているわけです。ところが建物が南面しないで東南の方向を向いて建てられているという，まさにこれは道路に面しているわけです。そして柵で囲まれた一画，まさに院を作っているわけですね。その中にコの字型のまさに官衙的な建物配置をしているのです。それからこれらの付属棟も同じ方向で建っているという，そういったことで一つの典型的な例になるんじゃないかと思うんですが……。

なお，ここでもう一つ注目されたのは大体10m ぐらいの幅できた道路が，門の前だけは 15～16m と広くなるんですね。あるいは駅の前は道が広がっていたのかもしれません。もっとも道路の側溝が途切れ途切れになっていますので，あまり明確でないところもあるのですが……。

また宇都宮市の上野（うわの）遺跡という所で道路がみつかっています。これは平成4年に掘った時は側溝の心々9m ぐらいでしたかね。ところが翌5年その北方に続くところを掘ったんですが，幅が 15m ほどに拡がるんです。次第に拡がっています。そこで墨書土器を含む9世紀頃の遺物が若干出ているんですね。もともと衣川（きぬがわ）駅の想定地付近で

す。そうすると，ここも駅の所で道が拡がっているという可能性も出てくるわけです。

それから岩手県旧江釣子村（現，北上市）の新平遺跡という板橋源先生が昭和30年代に調査されたところがあります。これは磐基駅という陸奥では最北の駅にあたるわけです。やはり岡の上にありまして，方形の環濠の中に掘立柱の建物がある。これも丘の上に駅院を作っていることになりますが，ここにも直線道の痕跡があります。

坂詰 「道路を中心として駅家を探せ」と。道幅が拡がった所に駅家の可能性があるとか……。

木下 それはちょっと……。

坂詰 そういうような予測をもって進めるということも一つの方法として必要ではないかと思うのです。板橋先生の発掘の結果は昭和35年に報告されています（「岩手県江釣子村新平遺跡発掘概報—古代駅家擬定地」『岩手大学学芸学部研究年報』15—1）。その後は誰も注意しなかったのですが，たまたま私が先述の本で紹介したのもあまり見当外れではなかったということになるかと思います。

それから駅家を決める場合の方法ですが，布勢の場合には墨書土器が出土していますね。やはり墨書というのは重要ですね。

木下 そうだと思いますね。小犬丸遺跡では墨書で布勢という駅名が出てきました。それに何かもう少し駅そのものを示すようなものがあればいいんですが，今のところはやはり道路との関係と

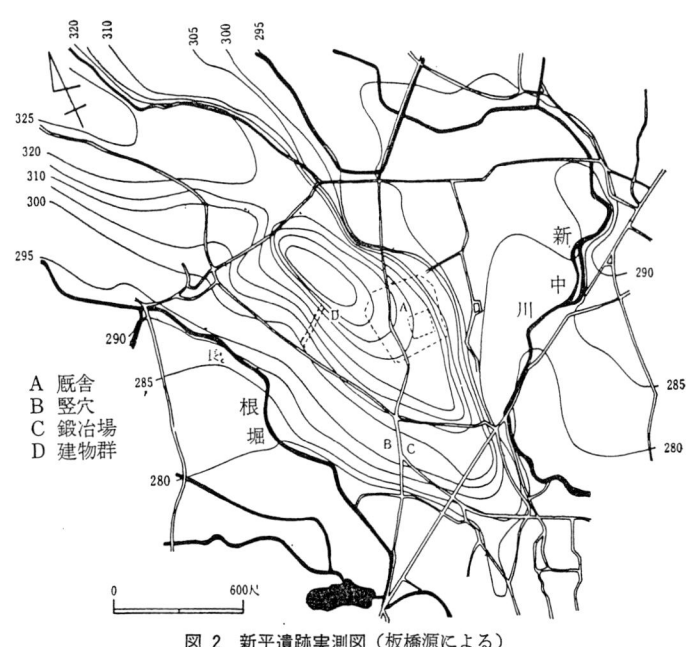

A 厩舎
B 竪穴
C 鍛冶場
D 建物群

図2　新平遺跡実測図（板橋源による）

いうことぐらいでしょうかね。

坂詰 道路の遺跡は予測をもって発掘をするということも必要だといえますか。

木下 そうですね。その意味で、これは前から想定されていたんですが、下野の新田の駅ですね。発掘された将軍道に沿って長者屋敷の伝説があり焼米も出るんですが、ウマヤクボという地名もありますし、道路との関係など条件がそろっているので、ほぼ間違いないだろうと思われます。

6 古代交通史研究の新視角

坂詰 先ほどご指摘いただきましたように、地籍図から小字を拾うことと、伝承をさらに付け加えればよりベターになるだろうと思うのです。

道路の発掘が行なわれ、あるいは駅家の問題というのが山陽道を中心にしてわかって来たわけですが、今後残された問題といいますか、古代交通研究会を主催される先生として、これこそ望ましい方向性ということについて、最後にご指摘いただきたいと思います。

木下 まだそこまで進んでいないわけですが、奈良時代に 12m もあった道路が、9 世紀以降になると 6m に狭められたのは何故かという問題。それから上野の場合ですけれども、8 世紀の道路と 9 世紀以降の道路が別のルートになっているのは何故だろうかという問題。それから私は駅路と伝路というのは別ではないかと考えているわけですが、こうした問題は今後共同して考えていかなくてはならないと思います。

その問題にちょっとからんでいるわけですが、従来『延喜式』という10世紀の文献を基にして駅路が考えられている。これでいきますと、伝馬はほぼ駅路に沿った所に置かれているわけですね。ところが文献の方の研究からいきますと、本来伝馬というのはすべての郡に置かれたはずであるという解釈があるわけです。延暦 2 年の『伊勢国計会帳』によれば「伝食帳」という伝馬の利用者に対して、食糧を供給する帳簿の数が13巻で、その数が郡の数なんです。ですから、8 世紀末頃はすべての郡に伝馬が置かれていたはずだということなんです。『延喜式』では 3 郡になっています。

先ほどもちょっと出てきましたが、すでに青江秀が「平安初期に伝馬が廃止された」と言っているわけです。ところがその後も伝馬は出てくるのは意味がわからないと言っています。

これは何かと言いますと、延暦21年の官符によれば、長門の国が兵士を復活したいということを申し出て許されることになるんですね。その中に出てくるんですが、「延暦11年に伝馬と兵士が廃止されたけれども」ということになっているのですね。『類聚三代格』の延暦11年の官符には兵士の廃止だけで、伝馬の廃止は出ていません。だからこれが果たして伝馬が廃止されたかどうか疑問なんですが、青江秀は恐らくこのことを言っているんだと思います。

坂本先生はそこはどうも疑問があると言っておられるのですが、最近また取り上げられるようになりました。それは、結局この時に伝馬が一旦廃止されたのではないか。そして再び伝馬が置かれるが、今度は駅路に沿った郡だけに置くようにしたのではないか。そこで『延喜式』では西海道の場合、駅に伝馬を置いている例が多いのですが、これはその時の措置に関係しているのではないかという解釈をしておられます。

最近、伝馬制の研究というのはかなり盛んなんですね。先ほど言いましたように、郡単位で置かれていたはずであるというわけです。そうしますと、郡司が国造クラスの大化前代からの豪族を任用していますから、郡家は大化前代からの地方の中心地で、当然それをつなぐ道路はあったはずだと……。

したがって伝馬制というのは、大化前代からの連絡施設と言いますか、それを踏襲したものではないだろうか。それに対して、駅馬・駅路というのは大化以後まったく新しく作ったのではないかと、大体そういう解釈ですね。そうすると、これは別路になるわけです。そのことを具体的に指摘されたのは静岡大学の原秀三郎さんで、駿河で駅路の方は日本坂を越します。ところが郡家は近世の東海道沿いの方に多いわけです。そうすると、伝馬の道というのは宇津谷峠を越したんではないか、そういう見方をしておられるわけです。

そういうふうに考えますと、『延喜式』の段階でも、例えば下野などの場合に、芳賀郡の郡家は堂法田遺跡といって真岡市にあるわけです。ところが駅は今言った新田駅で、那須郡との郡界の所を通っていて、郡家からかなり離れています。ところがその芳賀郡にも伝馬が置かれており、これは郡家に置かれたと解釈されています。そうすると、駅路と伝路は別路になるはずだということに

なるわけです。

　また先にも言ったように，西海道は駅に伝馬を置いていることが多いのです。ところが筑後の国の場合に，御井郡と上妻郡は駅でなくて郡に置いているわけです。そうすると，どうもここだけは別格になったらしい。『延喜式』の段階でもこういう例がいくつか出てくるんです。

　伝馬の廃止のことは柳雄太郎さんも述べておられますが，今まで誰も注意してなくて，私も足利健亮さんに教えられたのですが，『日本紀略』の延暦14年に「駅路を廃す」という記事があるんです。これは特定の場所の駅路とは思えないのですね。『日本後記』の欠落している所で，『紀略』にしか出てこないので詳しいことはわかりませんが。

　ところが間もなく駅馬も伝馬も出て来ますのでこれらはまた復活したということになります。そうしますと，延暦11年の伝馬の廃止，延暦14年の駅路の廃止ということから見ますと，どうも延暦年間に駅伝制の大変革があったんではないだろうか。そこで駅路と伝路との再編成をしたのではないか。それが先ほどの道が変わるということに結びつけて考えられるんですが，それ以後の道路は駅路と伝路とがごっちゃになったんではないかというふうにどうも考えられるんです。

　ちょっと飛躍するかもしれませんが，私はこういうふうに考えています。というのは，12mの道路，これが8世紀の駅路だったと思うんですが，それが8世紀の末，平安初期になるとその維持が困難になってきたんではないか。というのは，駅路は通過地の集落とは無関係に直線的に通しておりまして，ちょうど現在の高速道路みたいなものである。ところが，一方伝路の方は，地元に密着した道路なわけですね。というのは，大化前代からの地方の中心をつなぐ道ですから。こちらは地元民にとっても保持される道ですね。ですから，再編成の時に，場所によっては伝路の方に駅路も吸収されたのではないかと思います。

　例えば，吉野ケ里の所を通っている道は，これは平安時代に続かないんです。発掘結果では奈良時代で終わっているというふうに考えられているわけです。それよりも南の方にもう1つ道路の痕跡がありまして，これは迂回路なんですが，平安時代の道はそれしか考えられません。

　迂回路の方には三根郡の郡家があるようで，直

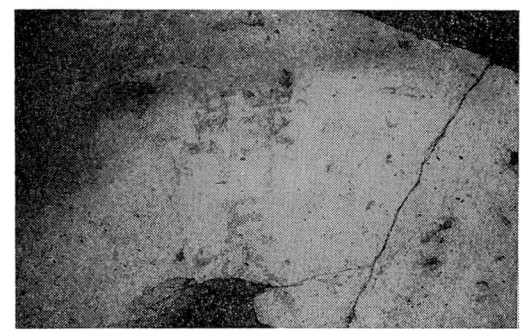

図3　川越市八幡前若宮遺跡出土「駅長」墨書土器
（川越市教育委員会提供）

線路の方には神埼郡の郡家があるんですが，何故直線路を廃して迂回路になっているか，どうも肥前の場合にはうまく説明がつかないのですが。もしそういうふうに平安初期に大変革があったとすれば，今まで全くわからなかったことが理解できるということになるわけですね。

　ですから，こういった制度の変革の問題と，具体的に発掘結果で出た道路の新旧の問題，それから道幅の変化の問題，そういったものを共同で今後検討していくべきではないだろうかというふうに思ったわけです。

　坂詰　具体的な例でご説明いただいて大変有意義でした。とくに道幅が奈良時代と平安時代は違うということは，やはり生活道として在地性のある道路は生き延びるんだ，律令体制下において軍事的な側面を持っている道路。木下先生はハイウェーとおっしゃいましたけれど，ハイウェーの新設というのは，造った施主がいなくなるとそれが弛緩していく。「道路は生き物である」というのは，まさに古代の交通研究の今後の一つの視点になるのではないかと思います。

　このようなことがわかって参りますと，古代交通の研究が，歴史的な大きなうねりの中で，地域ごとに位置づけられると同時に，広い立場で道路の交通史というものを軸にしながら，歴史の再編成を考えていくことにもなってくるのではないかと思われます。

　今後，古代交通研究会の会員を全国的に増やして地域ごとの情報を集めていくことと，実際の発掘例をたくさん得るという点で，今後ともご努力いただきたいと願っています。新しい意欲に満ちた研究会でありますので，大いに学際研究の場として発展していくことを期待申し上げたいと思います。ありがとうございました。　　　　（完）

古代道路の研究

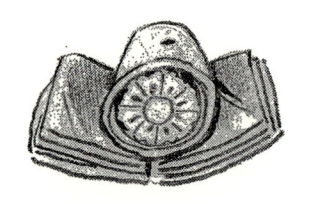

古代の道路は遺構としてどうとらえられているだろうか。また駅家から出土する古瓦や峠と古道の関係についても考えてみよう

古代道路の地表遺構／駅と瓦／峠と古道

古代道路の地表遺構————

古代交通研究会会長

■ 木 下 良

（きのした・りょう）

歴史地理学的方法による古代道路の路線想定は，発掘以前の古代道路の認定に極めて有効であり，発掘によって確認されることが多い

　近年全国各地で，両側溝を備えた側溝間の心々距離 6〜12m の古代道路の遺構が発掘されている。これは踏分道に始まる自然の通路で道幅も 1〜2m ほどであったろうという，従来漠然と考えられてきた，古代道についての通念を打破するものであるが，最近刊行された 日本交通史の概説書[1] の，古代部分の記述でも改められていないように，まだ一般にはほとんど知られていない。

　発掘されたこれらの古代道は，開発工事などに際して偶然にみつかったものもあるが，すでに歴史地理学的研究によって想定されていた路線が，発掘調査によって道路跡として確認されたものも多い。例えば，吉野ヶ里の「古代官道跡」は，1972年に藤岡謙二郎を代表として全国の駅路調査が行なわれた際に，肥前国を担当した筆者[2] が，佐賀平野を 16km 一直線に通る道路状痕跡を空中写真に認め，これを肥前国府から大宰府方面に向う西海道駅路肥前路に想定したものが，工業団地造成に関わる1987年度の発掘調査[3] によって，道路遺跡を検出したものである。

　同様に1972年の調査で上野と下野の両国を担当した金坂清則[4] は，上野国で高崎から前橋に至る直線道の痕跡を，下野国では「将軍道」と呼ばれる直線道を，それぞれ東山道駅路に比定したが，

前者[5] は1979年から80年代に，後者[6] は1988年から翌年にかけて発掘され，ともに古代道路の遺構であることが確認された。

　以上のように，歴史地理学的方法による古代道路の路線想定は，発掘調査以前の古代道路の路線認定には極めて有効と思われるので，本稿ではその方法と，実際に検出された地表の道路遺構について，若干述べることにする。

1　空中写真に見る古道痕跡（口絵参照）

　地表の道路遺構を認めることができるようになったのは，空中写真の利用[7] に負うところが大きい。考古学における空中写真の利用は，すでに第1次大戦後イギリスのクロフォードなどによって進められ，1929年に (1) shadow-sites（陰影跡），(2) soil-sites（土壌跡），(3) crop-sites（作物跡）によって地下の遺跡を識別できることが指摘され，ローマ道の遺跡も道路側溝の土壌跡などによって知られる例が紹介されている。日本でも1931年に森本六爾[8] がクロフォードの業績を紹介して，日本の古代道も「空中より調査さるべき必要がある」と述べているが，その適用は40年も後のことになった。

　広い牧場や畑に一面に作物を作るヨーロッパと

異なり，耕地区画が小さく水田を主にして畑でも畝を作ることが多い日本では上記の痕跡は現われにくいが，畑地の多い関東地方ではまれに比較的明瞭な土壌跡を示すこともある。一般に畑地では道路敷がそのまま狭小な耕地となって帯状の区画として残るが，水田地帯では道路敷が隣接の水田に取り込まれて水田化した結果，直線の畦として残ることが多い。

また森林の多い日本では，道路が森林に被覆された丘陵を切通して横切る場合，樹梢が直線の溝状の凹地に沿って落ち込むため，明瞭な線状の痕跡を示すことがある。筆者はこれを樹梢跡と呼んでいるが，森林の多い地域では有効な痕跡である。

2　直線行政界として残る古代道の路線

金坂が上野や下野の東山道に想定した前述の路線は，いずれも直線の市町村界であったことがまず検討の対象になったものである。筆者が西海道肥前路に比定した路線は当初空中写真によって認めたが，16 km の想定路線中で町村界が約 2 km と大字界が約 7 km，両者を合わせると全体の 60％近くが直線の境界線になる。

群馬県境町から新田町にかけて数カ所で発掘された，「牛堀・矢ノ原ライン」と呼ばれる古代道[9]は 8 世紀末には廃道となっており，『延喜式』以前の東山道に当たると考えられているが，これも総延長 9.6 km の中で境町と伊勢崎市・東村との直線の境界線が約 3 km を占めている。

旧来の肥前・筑後国境に当たる，佐賀県基山町・鳥栖市と福岡県小郡市との間の県界は，約5 km の区間を南北に直線に通り，その南はやや方向を西に振ってまた約 3 km を直線に通っている。以上の県界が水田地帯を通る部分は単なる畦道や溝になっていて，とくに空中写真でも顕著な痕跡は認められないが，筑後川北岸の低湿地では堤防状に連なる。一部の畑地を通る部分では，掘り下げられて幅15m 前後の 帯状の 水田となっている所があり，筆者[10]はこれ

らを古代道の痕跡と見て，肥前国基肄駅から筑後国御井駅に向う西海道西路の路線に比定した。

以上の事実は，すでに指摘されているように古代道が郷・郡・国の境界になっていて，それらが後世の行政界に踏襲された結果，生じたものと考えられる。

3　条里地割と古代道

条里地割は古代に始まる水田区画で，その 1 坪は通常 1 町＝109 m の正方形であるが，古代道路に沿う部分では，かつての 道路敷が削られて水田化した結果，道路に直交する坪の 辺長が 10〜20m 長くなって，わずかに 長方形の 区画を示す坪が連続して現われることがある。われわれ[11]はその余剰分を「道代（みちしろ）」としての「余剰帯」と呼んでいる。

これらは，道路幅を除外して道路の外側から条里地割が施行されたことを示すもので，大和の下ッ道や横大路は 40m 以上の余剰帯を示して，条里制施行の基準線となったことがすでに指摘[12]されているが，山陽道や南海道などでは駅路に沿って，ほぼ全面的に 10〜20m の余剰帯が認められ，同様に条里制施行の基準線となったものと見られる。余剰帯は『延喜式』駅路以外の場所でも認め

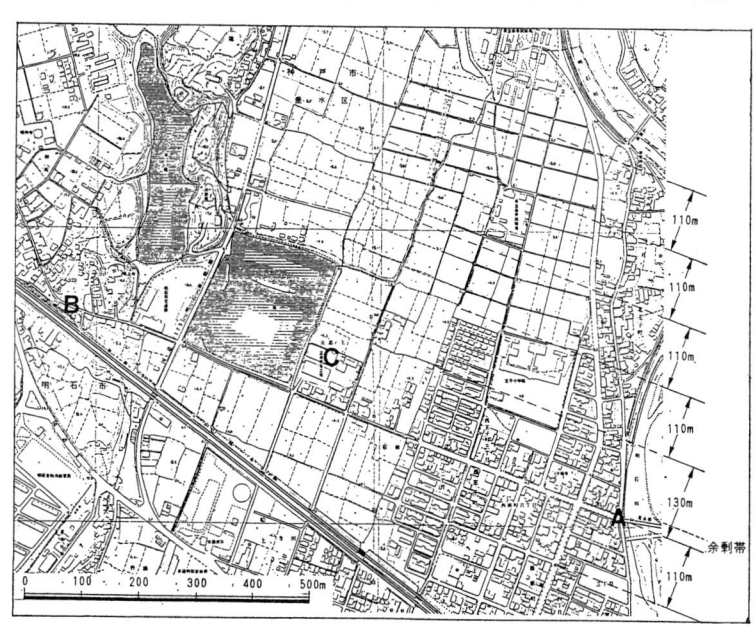

兵庫県明石市域（播磨国）を通る山陽道駅路に沿って認められる条里余剰帯
（1/2,500国土基本図 V-0F 94-4 の部分を縮小）
明石川右岸に条里地割の残存が見られるが，近世の西国街道（A−B）に沿って約 20m の余剰帯が認められ，「大道の上」（C）の小字地名も見られる。谷岡武雄の明石郡条坊（里）復原によれば，坊（里）の界線は想定駅路には合致せず，その 1 町南に当たる。

25

られることがあり，南海道ではこれらによって，平安初期に廃止された駅路の路線が，伊予・土佐などで想定[13]されている。

その他，山陰道でも出雲で余剰帯の存在が一部指摘[14]され，東海道では確実な余剰帯の存在は認められていないが，遠江国佐野郡域に当たる袋井市域東部に想定される東海道駅路は，ほぼ条里地割を基準に施行したとされる耕地整理地割において，余剰帯と同様の状況が認められるので，余剰帯が存在していた可能性が高い。東山道と北陸道では未確認であるが，西海道では余剰帯は全く認められない。

地域による余剰帯の有無がどのような意味を持つかは不明であるが，西海道でも駅路が条里制施行の基準線となっていると考えられる所が多く，余剰帯の有無に関わらず，一般に駅路が条里地割の施行と条里呼称の基準になったと考えられる。

直線道が条里地割を斜めに切って通る場合，しばしば古道に平行また直交する，条里地割とは異なる地割がわずかながら残存し，または発掘によって先行地割として認められることがある。これは，一般条里地割に先行する方格地割が直線道を基準に部分的に施行された後に，新たに道路とは別方向の条里地割が広く施行されたことを示すものである。

4 地表に残る道路遺構

地表には単なる道路痕跡だけでなく，明瞭な遺構を残すことがある。最も明瞭なものは切り通し状遺構であろう。吉野ヶ里の古代官道跡がそうであるが，一般に直線的路線をとる古代官道は，微高地や小丘陵を切通して明瞭な遺構を残す。路線を水平に保つため微高地を掘り下げるので，畑地となっている微高地中に道路跡が水田となって通り，丘陵の完全な掘り下げは困難なので，幾分掘り下げることになるが，中世城郭の空堀によく似た状態で直線に連なっている。このような場所に現在道が通る場合も，一般に現在道の道幅が狭いので，現在道の傍らに耕地となった帯状の窪地が連なる形をとる。

低地を通る道路は築堤していたと思われるが，その遺構が少ないのは削平されることが多いからであろう。前述の肥前・筑後国境となっている想定駅路は，筑後川右岸の低湿地に堤防状になって残り，下野の将軍道は，丘陵の掘り下げ部も谷底

の築堤部も，共に発掘確認されている。

5 おわりに

歴史地理学による古代道路の路線想定は1972年の駅路調査を契機に進展し，五畿七道にわたる全国各地で，直線道の遺構や痕跡の存在が報告されているが，ほとんど遺物を伴うことがない道路痕跡は，必ずしも遺跡としては認められないことが多く，開発工事などに当たっても，発掘調査に至らないまま破壊されてしまうことが少なくない。

古代道路の痕跡も遺跡として認定されるよう，強く希望して本稿を終えることにする。

註
1) 田名網宏「古代の交通」児玉幸多編『日本交通史』吉川弘文館，1992，では，「道幅は二メートルほどで足りた」として，計画的大道の存在は意識されていない。
2) 藤岡謙二郎編『古代日本の交通路』Ⅳ，大明堂，1979，木下　良「肥前国」
3) 佐賀県教育委員会『環濠集落吉野ヶ里遺跡概報』吉川弘文館，1990
4) 藤岡謙二郎編『古代日本の交通路』Ⅱ，大明堂，1978，金坂清則「上野国」「下野国」
5) 群馬町教育委員会『推定東山道―群馬町中泉・福島・菅谷地区を中心とする遺構確認調査報告―』群馬町教育委員会，1987，ほか
6) 中山　晋「栃木県鴻野山地区における『推定東山道確認調査』概要」黒板周平『東山道の実証的研究』吉川弘文館，1992，所収
7) 木下　良「空中写真による計画的古代道の検出」斎藤忠先生頌寿記念論文集刊行会『考古学叢考』中，吉川弘文館，1988
8) 森本六爾「飛行機と日本考古学」考古学，2―2，1931
9) 坂爪久純・小宮俊久「古代上野国における道路遺構について」『古代交通研究』1，古代交通研究会，1992
10) 木下　良「西海道の古代官道について」『九州歴史資料館開館十周年記念大宰府古文化論叢』吉川弘文館，1983
11) 木下　良「古道と条里」『条里制の諸問題』Ⅱ（条里制研究会記録2）奈良国立文化財研究所，1983
12) 秋山日出雄「条里制地割の施行起源」橿原考古学研究所編『日本古文化論攷』吉川弘文館，1970
13) 日野尚志「南海道の駅路―阿波・讃岐・伊予・土佐四国の場合―」『歴史地理学紀要』20，歴史地理学会，1978
14) 中村太一「『出雲国風土記』の方位・里程記載と古代道路―意宇郡を中心として―」『出雲古代史研究』2，出雲古代史研究会，1992

駅 と 瓦 ——————————————— ■ 今 里 幾 次
（いまざと・いくじ）

播磨国の古代山陽道駅家と駅路を復原する作業は播磨国府系
瓦の分布をおさえ，文献と照合することによって可能となる

1 はじめに

　1940年に，兵庫県 加古川市古大内遺跡（後に播磨国賀古駅家と判明）で出会った古瓦から，探究の旅は始まった。本遺跡から出土する軒瓦が，播磨国分寺跡のそれと同文であることに気付き，類例の集積に志したことである。戦中・戦後の混乱に阻まれて進展は困難であったが，ようやく資料を整理し「播磨国分寺系列瓦」と仮称し発表したのは1960年のことであった。当時「通説に従って，ここまで寺院址として記してきた諸遺跡——殊に，心礎の存在が確認されず，伽藍配置の明瞭でない遺跡の中には，或いはこうした瓦葺駅家が含まれていはしないか，という疑問を棄てきれないのである」と記したように，古代山陽道に瓦葺駅家の存在を予測しながら，一歩踏み出し得ないもどかしさを表現している。

　その後，この種の軒瓦群のすべてが播磨国分寺跡から出土しないこともあって，その中核的存在を国分寺に求めるよりも，一回り大きく播磨国府に置き，その一元的管理を想定し，1971年に「播磨国府系瓦」と改称したのである。すなわち，播磨国府系瓦とは「播磨国司の管理下において，生産と配布とがなされた一群の軒瓦類を総称したもの」と定義したのは，このような経緯からであった。

　こうした観点からすると，律令制下において播磨国司が総括した寺院（国分二寺・定額寺），官衙（国庁・駅家）や官窯が，播磨国府系瓦を共有するのは当然のことであったろう。播磨国の古代山陽道駅家と駅路とを復原する路線は，こうして敷かれたものである。さらに，古瓦出土地＝寺院跡という先入観を見直すことによって浮上して来たのが，姫路市本町遺跡をもって播磨国庁跡に比定する案にほかならない。

2 播磨国府系瓦の設定

　現在のところ，播磨国府系瓦として設定されて

いる一群の軒瓦は，図示した通り，国分寺式 (1)，長坂寺式 (2)，古大内式 (3)，本町式 (4)，野条式 (5)，北宿式 (6)，上原田式 (7)，毘沙門式 (8) の 8 組である。これらは基本的には同文同范から成り立っているが，中には複数の范型を使用している例も少なくない。そこで，国分寺式・古大内式・本町式・毘沙門式では，Ⅰ型・Ⅱ型あるいはⅢ型と呼んで細分している。なお，軒丸瓦では野条式，軒平瓦では長坂寺式・古大内式などに范割れや范傷が検出され，范型の永続性を示すと共に，その進行状態によって小時期の編年が可能になって来る。

　上記 8 様式の瓦当文様の系譜に関しては，例えば本町式軒丸瓦・軒平瓦と平城宮跡の6012型式・6721型式，上原田式軒丸瓦と同6316型式，野条式軒平瓦と平安京跡の NS 209 型式というふうに，中央系と容易に結び付けられるものもあれば，国分寺式軒丸瓦のように，西条・殿原・野口・中西・河合の各廃寺出土の単弁 8 葉蓮華文に出自を求めざるを得ない在地系のものがある。さらに両者をミックスしたと解されるものも見い出され，中には長坂寺式→北宿式のように，国府系瓦の内部で変化した例も認められる。しかも，中央系文様の流入に際しては，国府系瓦発足の直前において，平城宮関係機関から范型を携えての技術指導が考えられる ような若干の古瓦群が，溝口・本町・実法寺・金剛山などの諸遺跡で散見されるところから，それらの影響を見過ごすわけにはいかないであろう。

　播磨国府系瓦の年代観については，1970年の時点で，「国分寺式を 播磨国分寺創建瓦とし，その年代を天平13年 (741) の詔の直後に位置づけること，北宿式を 佐突駅家の再建時—承和 6 年 (839)—の創作瓦とみること」と考えて，前者を 8 世紀中葉，後者を 9 世紀中葉とし，その間に各様式を割り振るという案を発表したが，この考案は現在でも大筋において踏襲している。

　その後，平城宮・平安宮などの中央先進地域における調査研究の進展に伴って，それらとの整合

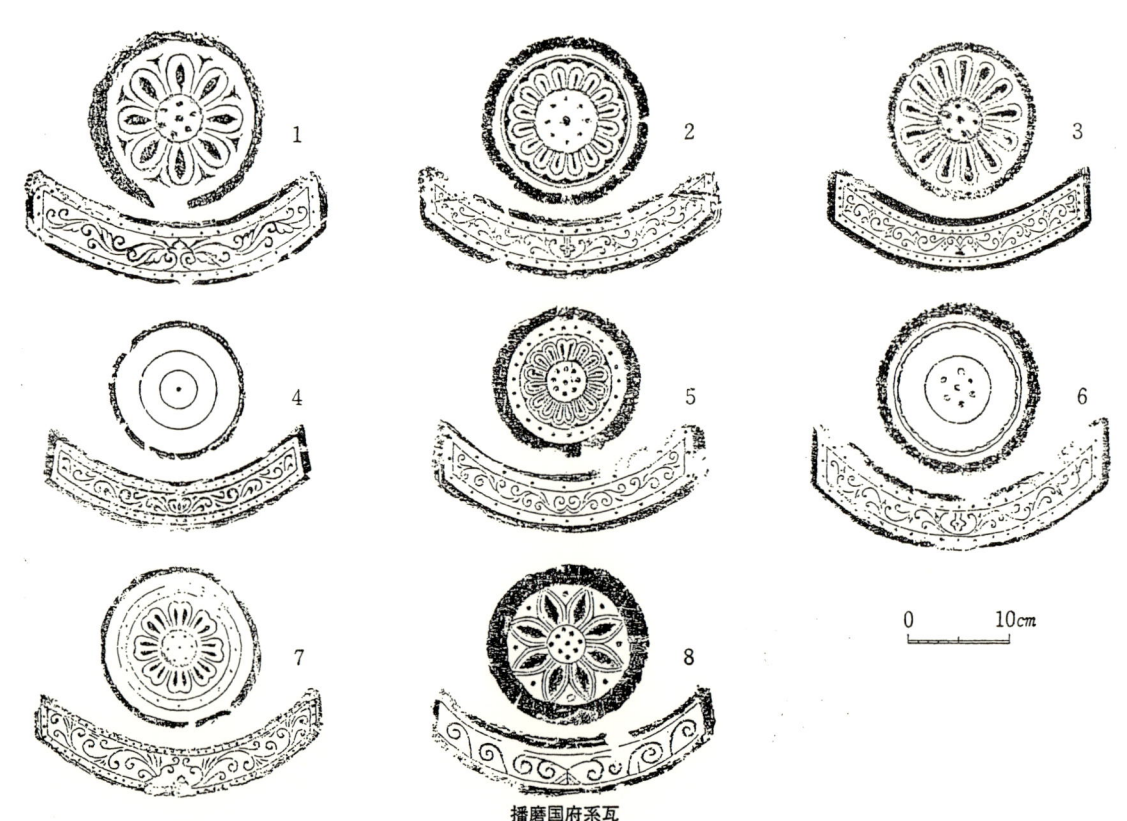

播磨国府系瓦

1国分寺式，2長坂寺式，3古大内式，4本町式，5野条式，6北宿式，7上原田式，8毘沙門式

に配慮しつつあるが，いまだ流動的な状況である。また，瓦当文様のみならず製作技法，とくに軒平瓦の顎部の変化を中心に，その推移方向を模索中であり，その一部は播磨国府系瓦とその後続型式をも通して提示を試みたことである。

3　播磨国府系瓦と駅家遺跡

現時点で把握している播磨国府系瓦の出土地は，播磨国内で46カ所に達している。そのうち，主要遺跡として抽出したのが「播磨国府系瓦分布表」の25カ所である。このほか，播磨国外では摂津1・山背4・大和1の計6カ所に分布しているが，いずれも客体的なあり方に過ぎない。

前掲の分布表を集約すると，心礎の顕在や出土瓦の様相などから，寺院跡として確認し得る遺跡は，国分僧寺（6）・国分尼寺（7）をはじめ，太寺（2）・見野（9）・市之郷（10）・辻井（13）・下太田（15）・金剛山（16）・奥村（18）・与井（20）・長尾（22）・溝口（23）・野条（24）・殿原（25）の各廃寺である。次いで，播磨国庁跡に比定される本町（11）や，瓦窯跡の本郷（8）の両遺跡があり，これらを取り除くと9カ所の遺跡が残ることにな

る。

そこで，これらの9カ所を，『延喜式』の「諸国驛傳馬　山陽道　播磨国驛馬」や，『類聚三代格』大同2年（807）太政官符の「播磨国九驛」，『続日本後紀』承和6年（839）の「播磨国印南郡佐突驛家　依旧建立」などの文献史料によって想定される播磨国古代山陽道の9駅家にオーバーラップせしめると，(1)吉田南＝明石，(3)長坂寺＝邑美，(4)古大内＝賀古，(5)北宿＝佐突，⑿今宿丁田＝草上，⒁太市中＝大市，⒄小犬丸＝布勢，⒆神明寺＝高田，㉑落地＝野磨として，各駅家遺跡の一致が認識されるのである。ただし，明石・草上の両駅家については，まだ多くの問題を残していて，今後における検討を要するであろう。

4　続播磨国府系瓦と古代駅制の終末

9世紀の中ごろ以後，播磨国府系瓦はどのように変遷するのであろうか。従前，この問題を解明するに足るべき資料は少量かつ散発的であった。ところが最近になって，播磨国分僧寺や尼寺，あるいは布勢駅家に比定される小犬丸遺跡などの発掘調査によって，ある程度の蓄積がみられるよう

番号	遺　跡　名	国分寺式		長坂寺式		古大内式		本町式		野条式		北宿式		上原田式		毘沙門式		性　格
		丸	平	丸	平	丸	平	丸	平	丸	平	丸	平	丸	平	丸	平	
1	神戸市垂水区玉津町吉田南					○				○		○		○		○		明石駅家
2	明 石 市 太 寺 二 丁 目					○	□					□						寺　跡
3	明 石 市 魚 住 町 長 坂 寺			○	□	○	□	○				○	□			○		邑美駅家
4	加 古 川 市 野 口 町 古 大 内	○	□															賀古駅家
5	姫 路 市 別 所 町 北 宿					○						○						佐突駅家
6	姫 路 市 御 国 野 町 国 分 寺	○	□			○	□			○				○		○	□	国分僧寺
7	姫路市御国野町国分寺字毘沙門	○	□				□			○				○		○	□	国分尼寺
8	姫 路 市 四 郷 町 本 郷																	（窯跡）
9	姫 路 市 四 郷 町 見 野																	寺　跡
10	姫 路 市 市 之 郷	○			□	○		○										〃
11	姫 路 市 本 町（総 社 付 近）	○	□			○	□		□					○			□	播磨国庁
12	姫 路 市 今 宿 丁 田		□														□	草上駅家
13	姫 路 市 辻 井				□		□		□									寺　跡
14	姫 路 市 太 市 中 向 山			○	○													大市駅家
15	姫 路 市 勝 原 区 下 太 田			○						○	□							寺　跡
16	揖 保 郡 揖 保 川 町 金 剛 山													□				〃
17	龍 野 市 揖 西 町 小 犬 丸			○		○	□			○						○	□	布勢駅家
18	龍 野 市 神 岡 町 奥 村	○	□															寺　跡
19	赤 穂 郡 上 郡 町 神 明 寺			○								□						高田駅家
20	赤 穂 郡 上 郡 町 与 井					○												寺　跡
21	赤 穂 郡 上 郡 町 落 地							○	□									野磨駅家
22	佐 用 郡 佐 用 町 長 尾											□						寺　跡
23	神 崎 郡 香 寺 町 溝 口								□									〃
24	加 西 市 野 条 町									○	□							〃
25	加 西 市 殿 原 町								□									〃

になった。それらによると，古大内式系統を主軸とし，国分寺式・毘沙門式・上原田式の各系統の軒瓦に及んでいることがわかって来た。そこで目下，この種の後続的な一群の軒瓦をもって「続播磨国府系瓦」と仮称し，その体系作りに取り組んでいるところである。

　この試企は古代駅制の終末期の様相に対しても，従来の菅家文草・延喜式・法華験記などの文献史料による推進に，考古資料をもって加速することになるであろう。すでにその一端は，播磨国の古代山陽道駅家の終末に関して，布勢（小犬丸）をはじめ，邑美（長坂寺）・草上（今宿丁田）・野磨（落地）の各駅家遺跡から出土する古瓦資料を取り上げて言及したところである。

主要参考文献

　今里幾次『播磨国分寺式瓦の研究―加古川市野口町古大内出土の古瓦―』1960（『播磨考古学研究』1980所収）

　今里幾次『姫路市辻井遺跡―その調査記録―』1971

　今里幾次「姫路市本町遺跡の古瓦」『本町遺跡（本文）』1984

　今里幾次「龍野市小犬丸遺跡の古瓦」『布勢駅家』1992

　今里幾次「播磨国分尼寺の古瓦」『播磨国分尼寺跡』1993

峠と古道

國學院大學教授
■ 椙 山 林 継
（すぎやま・しげつぐ）

祭祀品や陶磁器など峠からの発見遺物はもともと僅少なものである
が，通過にともなう文物であるから点としての重要性をもっている

1　峠の考古学

　暗闇を走る列車が喘ぎ喘ぎ必死に走っている。急に軽ろやかになった時，峠を越えたなと思う。とくに蒸気機関車の時にはよく感じたものだ。現代の列車でさえ感じるこののぼりくだり，徒歩のみの長道中，村から村への人家の見え隠れする所と異なり，難所としての峠を越えることは恐ろしい行程でもあった。

　　　このたびは　幣もとりあへず　手向山　紅葉
　　　の錦　神のまにまに　　　　（古今集　巻9）

　奈良は盆地であるから，四方を山に囲まれている。大和川の流れにまかせて河内に下る以外はすべて峠を越えなければならない。平安京も東方へはやはり峠越えとなる。平城の大坂は西にあるが，平安京の逢坂山は東へ向かう。律令期の道路は丘陵など時に掘り割って進むが，大きな山脈を越える際には目的地を目ざした最も低い部分，なるべく迂回せずに進める道を求めている。そこは恐ろしい神の居る場所でもあり，幣をたむけて難を遡け，守護を祈った。「とうげ」が「たむけ」の転訛であり，腰にさげた幣袋には絹，布，木綿などの小ぎれや，おさご（米），のちには小銭を用意していた。個人の神への供物と言ってもこの程度のものであり，考古学の資料として残ることが少ない。集落近くの祭りでは土器，かわらけが準備されても旅中では木の葉で充分である。

　　　家にあれば　笥に盛る飯を　草枕　旅にしあ
　　　れば　椎の葉に盛る　　　　（万葉集　巻2）

神への献供も同様であったろう。しかし集団行動で峠を越える時，儀式的に峠の神の祭りが必要となると多少容器も準備し，幣物も異なっていたと思われる。祭祀遺物が発見されている峠はとくに祭りを要求された峠であったと見られる。濃尾平野から東山道筋は山にかかり，神坂峠を越えて伊那谷に入る。そして高遠から杖衝峠を越え諏訪に入り，大門，雨境を越えて佐久へ，碓氷峠を下ると関東平野，つまりあづまの国へ入る。東海道筋は海岸を通り，足柄峠を越えて相模に，これが後には箱根峠となるが，もぐらも東西に別ける峠で，これより東があづまの国である。これらのうち遺物の集中して見られ，調査の行なわれているのは，神坂峠と入山峠，雨境峠などである。

2　信濃国の峠越

　かたよるが峠の遺物の明示できる例をみよう。

　神坂峠は，記紀に信濃坂（科野坂）と書かれ，日本武尊の物語りをはじめ，険阻なことは古くから知られ，斉衡二年正月廿八日の太政官符では美濃国恵奈郡坂本駅と信濃国阿智駅の間74里，雲山畳重，路遠坂高，星のある早朝に出発しても夜遅くならなければ到着しない。一駅間で数駅間以上の難所であり，駅子が荷を負って運送するのに常に苦しみ，冬場では道中死者が出る状況だという。少々オーバーな言い方かも知れないが，『延喜式』巻28兵部省の諸国駅伝馬をみると，この両駅はともに30疋で全国最多，抜群である。伝馬は恵奈郡，伊那郡各10疋で，これも周囲に対し倍している。海抜を見ると坂本が300，峠が1,570，阿智が約600m，地図上の直線でも30km，実際には屈曲，上下の多い小径で，『三代実録』に笠太夫が開いたと伝える伎蘇道が奈良時代以降利用されるまでは最も利用の多い峠越えであった。

　現地を見ると岐阜県中津川付近から，落合川に沿って東に徐々に登って行く。木曽路（中仙道）と東山道が分岐し，人家もまばらとなる。欅平の緩斜面を強清水，追分と登り，途中伝教大師の置いた広済院の跡を経て森林地帯に入り，しばらく進むと，水またぎに至る。この間は傾斜は急でないが距離はある。水またぎから急坂となり，つづら折りの山径を急げば30分ほどで頂上につく。樹木は茂っているが，切り立つ急斜面である。水またぎでも少量ながら土器片が採集されている。

　峠は北方の富士見台，神坂山と，南方の海抜2,189.8mの恵那山の中間にあって，馬の背状に南北に長い尾根の上にある。その最も低い鞍部を

図1 神坂峠出土の石製模造品

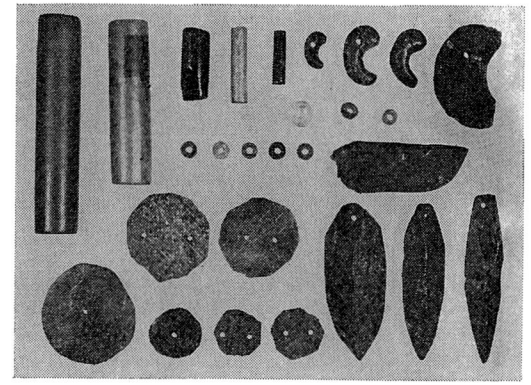

図2 入山峠出土の管玉・勾玉と石製模造品など

峠道は越えている。

東の伊那谷方面へは，谷筋を下る急な道と一度北へ向かう万岳荘の山小屋径由の道がある。この道はゆるやかな傾斜をたどり，わる沢に下る。瓷器の採集できるのはこの道筋であるが，神坂神社付近まででも徒歩で2時間余りかかる。さらに「朝日松」「姿見の池」「義経駒繋桜」「赤子石」など名勝地を経由して東へ下るが，これらの所々から石製模造品や土器片などが採集される。とくに杉ノ木平では中央道関連で発掘調査もされ，石製模造祭祀遺物のほか，灰釉陶器，緑釉陶器，鉄器，北宋銭などが出土している。さらに網掛峠を越えて小野川地区に入ると，大垣外，川端などまとまった祭祀遺物を出土する地域になる。網掛峠からも灰釉陶器，薙鎌，石製模造祭祀遺物がかつて採集されている。

神坂峠は昭和43年，故大場磐雄博士を団長として，楢崎彰一，大沢和夫の両氏を副団長とした地元研究者，国学院大学，名古屋大学の調査団によって発掘された[1]。これより以前，鳥居龍蔵，市村咸人氏らの大正10年の調査，昭和26年の下伊那誌編纂会，大場磐雄，一志茂樹，市村咸人氏らによる発掘，昭和27年坂本太郎氏の古代交通路調査としての峠越え，そして昭和42年度国鉄複線化等開発地域埋蔵文化財緊急分布調査による大沢和夫団長以下の発掘調査がある。

頂上には積石塚もあったが，この部分からの遺物はあまりなく，富士見台からの南南西に傾斜してきた麓部分から遺物が集中して検出された。少数ではあるが，縄文土器の破片や石鏃などもあって古くから利用されていたことも窺える。祭祀関係では古墳時代後半の石製模造品（鏡，有孔円板，剣形品，刀子，斧，鎌，馬形，勾玉，管玉，臼玉），ガ

ラス玉，鉄製品，獣首鏡，須恵器，土師器などや灰釉陶器，緑釉陶器，青磁さらに中世陶磁器まで土器などの破片だけでも2,000点余りが採集された。

特徴を見ると，有紐の鏡形をはじめとする石製模造品は，その数量の多さとともに，小形ながら斧，鎌などまで含み，刀子と合わせて祭祀遺跡出土品としては多種である。青銅の後漢鏡である獣首鏡はわが国では発見例の少ないものであるが，周囲が研磨してあり，破片を護符として利用していたものと思われる。土師器には台付甕があり，入山峠の例と合わせて考えると，頂上で炊飯も行なわれたことが考えられる。灰釉陶器は約600点，緑釉陶器片も新旧100点余りあり，9世紀から11世紀に及ぶ。灰釉の馬形は峠の祭り用に作られ，もたらされたものとして注目される。石製模造品の中には未製品や石屑も多量にあって，搬入された完成品のほかに，この峠で製作が行なわれていたことも考えられた。

伊那谷に入った道は北上して天竜川西岸の段丘上を通り，令制東山道は善知鳥峠を越えて松本平に入る。途中木曽路の鳥居峠を越えてきた道路と合わさる。平出遺跡をはじめ，このルートに瓷器が多く分布している。濃尾から三河の平野で焼かれた瓷器が信濃の道路沿いに多く分布し，楢崎彰一氏の言われる「瓷器の道」を形成していくが[2]，これはその時代から官道東山道に沿う。また木曽路（岐蘇道）が開かれ利用されたのは，松本に牧監庁が置かれ，馬の生産が盛んになると，伊那谷に下り神坂を越えるより，より直線的でゆるやかな道として必要性が生じたためと思われる。一方，古東山道は諏訪へ入る。高遠から杖道峠を越える道と，辰野から有賀峠を越えて湖畔に至る道でと

もに顕著な遺物はないものの，信仰のある巨石など沿道にある。どちらも諏訪の文化圏内の守屋山の脇を通過している。諏訪からは佐久へ山を越える。いわゆる「須芳山嶺」越えで，湯川に沿って大門街道を登る。白樺湖岸に至ると，役行者伝説をもつ御座岩がある。蓼科山のよく見えるこの岩の周辺から各時代の遺物とともに石製模造品（剣形，有孔円板など）が採集されている。ここから真北に大門峠を越えると上田盆地，旧国府方面に下るが，北北東に向かうと雨境峠を通り佐久へ入る役行者越えとなる。御座岩から高原の曲折した道を行くと赤沼平に出る。人造湖の女神湖があり，その南西に鍵引石と呼ばれる安山岩質の巨石があり，河童伝説が伝えられていた。この赤沼平からも有孔円板や臼玉が拾えたというが，これより雨境峠にかけて，塞の河原と呼ばれた所があり，積石塚があった。さらに頂上に近づくに従い与惣塚，中与惣塚の積石塚があって，中与惣塚からは銅板（鏡），薙鎌，北宋銭，鉄釘などが発見された[3]。この塚は不整円形で，長径11m，高さ約1mほど，礫積みとなり，中世の信仰遺物としては非常に珍しいものである。この塚から佐久の方向へ約100m下ると，勾玉原と呼ばれる所があり，石製模造品が江戸時代から採集されたという。ここをさらに100m余り下ると法印塚（山伏塚）と呼ばれる塚があり，そこから500mほどで鳴石に着く。鏡石とも呼ばれ，檀の古木があって付近から石製模造品が採集されている。こうして道もなだらかであるが，遺跡も長く分布し，天候さえよければ間近にコニーデ型の蓼科山を見ながら進むことになる。

　途中瓜生坂付近で西からくる中山道と合い，東へ向かう。この付近から大型臼玉70個と手捏土器があり，7世紀ごろの祭祀遺物と見られる[4]。

　令制東山道は松本（新国府）から錦織を経て，保福寺峠を越え，上田に入り，亘理国府を経て佐久に向かう。再び道路は集約されて碓氷峠を越え関東平野に入るのであるが，この峠なかなか複雑である。昭和30年に道路開設にともない入山峠で石製模造品が発見された[5]。これを受けて入山峠こそ古代の碓氷坂であると言われるようになった[6]。この一志氏の論考は昭和44年度調査の報告書である『入山峠』[7]に再録してある。この44年の調査はバイパス道路建設にともなうものだが，大場磐雄団長，一志茂樹顧問の下で行なわれ，火山灰，

軽石層下の保存状況の極めて良好な峠の祭祀遺跡として注目され，大形管玉，勾玉などの玉類，石製模造の剣形，有孔円板，臼玉などとともに古式の土師器，とくに台付甕を多量に検出した。この調査では古墳時代の中葉頃までの遺物しかなく，以前に崖近くから須恵器片，古銭などが採集されているというものの後世の遺物を持たない点も興味深いものであった。このことは旧中山道碓氷峠の成立の問題とも関連して考えられる。

　これまで一志氏の詳細な論考から，熊野神社の祭られている碓氷峠の開設は，神社が所蔵する正応5年在銘の鐘の年代をあまり遡らない頃と考えられているが，入山峠の遺物の示す年代との間にはまだ差があり，問題が残る。

　ともかく山国信州を通過する道路は，古墳時代にあっては祭祀遺物の出土によりその位置が見え，大場磐雄博士の「神の道」となる[8]。実はこの石製模造品の祭祀が，東国経営に向かう軍団に関係するか，防人として西に向かう東国の兵集団に関係する可能性が大きいと思われる。防人といっても律令期以前の段階のものであるが，「ちはやぶる　神の御坂に幣まつり　斎う命は　母父がため」（万葉集　巻20）と後に詠まれた歌の心は前後変わらぬものであったと思われる。

　また律令制の崩れとともに自由経済社会の内により発展したと見られる濃尾の焼物は多量に信州に持ち込まれ，道路沿い分布となっていく。峠からの発見遺物は通過にともなう文物であるから，点としての重要性を持っている。海道の水中に失なわれることよりは残存するが，もともと僅少な遺物量であったろうから，微細なものでも注意して見ていかねばならないむずかしさがある。

　註
1) 大場磐雄ほか『神坂峠』1969
2) 楢崎彰一「瓷器の道(1)—信濃における灰釉陶器の分布—」名古屋大学文学部二十周年記念論文集，1969
3) 桐原健「長野県北佐久郡立科町雨境峠祭祀遺跡群の踏査」信濃，19—6，1968
4) 藤沢平治「中山道瓜生坂祭祀遺跡」信濃，19—4，1967
5) 山崎義男「上信国境入山峠祭祀遺跡について」考古学雑誌，43—1，1957
6) 一志茂樹「古代碓氷坂考」信濃，10—10，1958
7) 椙山林継ほか『入山峠』1983
8) 大場磐雄「古東山道の考古学的考察」国学院大学大学院紀要1，1970，のちに『入山峠』に収録

道路遺構の調査

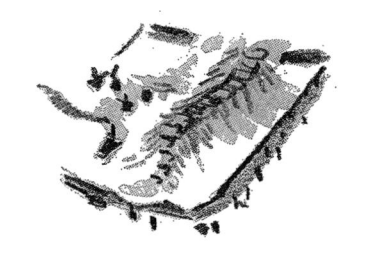

古代の道路跡は実際どういうふうに検出されているだろうか。各地の発掘例を述べてその特徴をあげ，全国的に比較してみよう

群馬県下新田遺跡の道路遺構／埼玉県東の上遺跡の
道路遺構／小矢部市発掘の推定北陸道／高槻市発掘
の山陽道／奈良県鴨神遺跡の道路遺構／堺市発掘の
難波大道と竹ノ内街道／佐賀平野発掘の古代官道

群馬県下新田遺跡の道路遺構

山武考古学研究所
伊藤 廉倫
（いとう・やすみち）

下新田遺跡の道路遺構は全長 250ｍにおよび，轍状の硬化
部分が検出されるなど，古代東山道との関係が注目される

　下新田遺跡は，群馬県新田郡新田町大字市字下新田地内に所在する。太田市の西側，境町・東村の東側，東武伊勢崎線世良田駅の北方約 6 km に位置する。北方に赤城山を，東方に金山丘陵を望み，洪積世末期に渡良瀬川の氾濫で形成された大間々扇状地の，南側の低台地上に立地している。周辺には古代遺跡が多く所在しており，東方には天良七堂遺跡，入谷遺跡，西方には牛堀遺跡，矢ノ原遺跡，十三宝塚遺跡がある。

　本遺跡の発掘調査は，東京電力新田変電所の新設に伴い，下新田遺跡発掘調査団が平成 2 年10月16日から平成 3 年 3 月19日まで，面積約 12,000 m² を対象に実施した。

　検出された遺構は，古代の道路遺構，土壙と，中世以降の溝状遺構である（図 1）。

1 古代の道路遺構

　道路遺構は，現表土の下 0.30〜0.50ｍ の，ローム漸移層である暗褐色土の上面から中層において，東西方向に並走する 2 条の溝が，調査区全域のおよそ 250ｍ にわたって確認された。これらが道路の側溝であったと想定され，南北両側溝に区画された範囲が道路面として捉えられている。

　南北両側溝は，平行して直線的に東西に走って

いるが，全体にわずかに南側に反り返って緩やかな弧状を呈している。全体規模は，両側溝の長さは北が約 248ｍ，南が約 246ｍ で，両側溝間の心心距離は 12ｍ 前後，道路面の幅は 9.2〜10.2ｍ を測る。走行方向は，ほぼ N-80°-E である。

　両側溝に区画された道路面の北寄りで，土壌が轍（線）状に硬化した部分が，数条にわたって検出されている（図 1・2，黒色部分）。この硬化部分は平面的には，西側の一部を除く調査区の大半で，概ね北側溝に沿うように確認された。それぞれ幅が 10cm 前後で，中には 1ｍ ぐらいの間隔で並走するものも見られることから，対応する 2 条が 1 単位として捉えられている。

　道路遺構全体の土層断面の観察は，調査区東端部と中央部の 2 か所で行なっている。東端部の土層断面では道路面の北寄りで，細かな白色軽石粒子を含む黒褐色土が，ややレンズ状に堆積した状況で観察された。この黒褐色土層中には硬化したブロック状の暗褐色土が見られ，轍状の硬化部分が皿状の落ち込みの下部に位置することが確認された。これに対し中央部では，同じ黒褐色土層中に硬化部分は明確に捉えられていない。

　完掘後の側溝の規模は，幅は北側溝が 2.22〜3.06ｍ，南が 1.08〜3.34ｍ で，確認面からの深

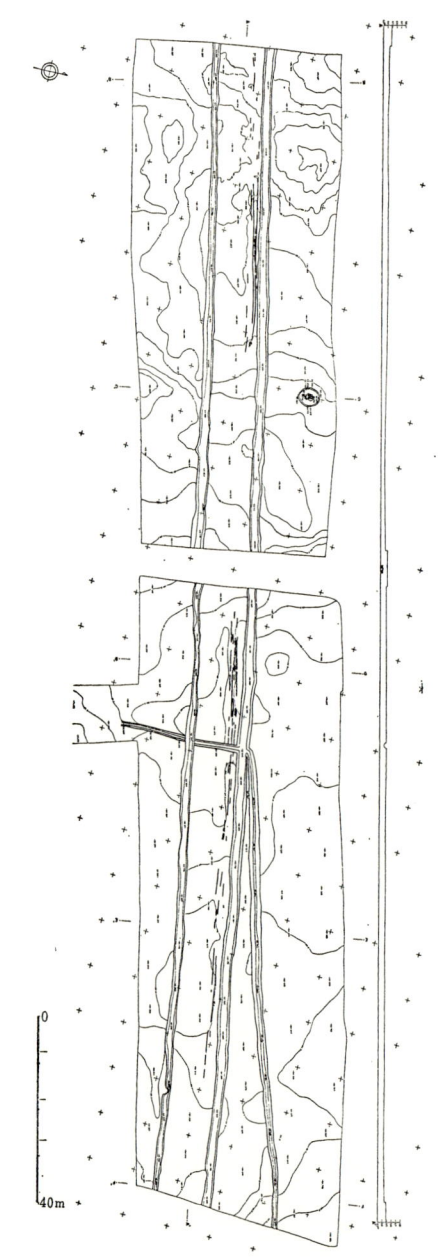

図 1 下新田遺跡道路遺構全体図

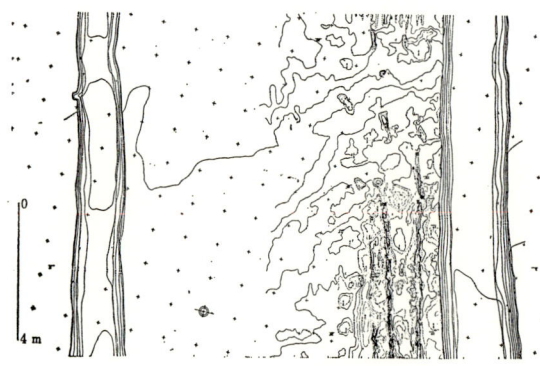

図 2 轍状硬化部分（調査区西側）

さは，北が 0.4〜0.9m 前後，南が 0.3〜0.7m 前後をそれぞれ測る。両側溝の埋没覆土は，上層は黒褐色・暗褐色を基調とした砂質土，下層は褐色の粘質土で，基本的に自然堆積状況を示している。また土層断面からは，数度にわたって側溝の掘り返しが行なわれたことが確認されている。

北側溝内では，道路面と同様に，土壌が硬化した部分が面的に検出されている。土層断面の観察では，東端平坦部では下位寄りの灰褐色土が，また中央部では暗褐色土が硬化面として確認された。さらに下部の，灰褐色土および暗灰褐色土が硬くしまっていることから，やはり同様の硬化面として捉えられている。ただ，人為的に形成されたと考えられる上下2面の硬化面はそれぞれ，軽石の有無など土質に相違があると判断された。

このような硬化面は南側溝の一部でも確認されている。いわゆる道として形成，機能した時期は明らかではないものの，道路面上の硬化部分も含め，これらの検出は道路遺構の形成・機能を知る上で注目される。道路遺構の伴出遺物については，9世紀初頭前後の所産であろう須恵器の蓋・坏が，側溝埋没覆土の上位で検出されている。また，古墳時代後期（鬼高式期）の土師器・須恵器の甕2点が，側溝内硬化面の下部で出土している。

2 硬化部分（面）の土壌硬度測定

本遺跡の道路遺構においては，道路面上の轍（線）状硬化部分が数条と，南北側溝内の硬化面の2種類が確認されている。本来なら硬化部分は，住居跡の床面が生活での踏み固めによって硬化するのと同様に，面的な広がりを見せるものとして捉えられる。しかしながら道路面では，とくに触覚的に他の部分と比較して硬い部分の検出を試みた結果，視覚的には轍状に硬化範囲が確認された。このように触覚的な要因によって，他の箇所よりも硬さの程度に変化の見られる範囲を限定して，硬化部分として捉えている。

発掘調査では，道路遺構の性格を考える上でのひとつの判断資料として，轍状の硬化部分を含む道路面全体と側溝内の硬化面について，土壌硬度の測定を試みた。測定には山中式土壌硬度計を使用し，表示された測定値の記録を行なっている。

(1) 測定の方法

道路面　道路上で捉えられた轍状の硬化部分を含めて，道路面全体を対象とした。ここではグリ

ッド杭を基準に，道路に直交するような測定ライ
ンを 50 cm 間隔で設定した。さらに測定ラインの
中心（道路面の中心）を設定し，道路面は 50 cm 間
隔で，硬化部分は 10 cm 間隔で測定を行なった。
測定値の記録は方眼紙を使用し，遺構実測図と同
じ縮尺20分の1の硬度測定図を作成した。ただし
この場合，道路遺構がわずかに湾曲することによ
り，測定図の作成に当たっては，道路面の中心を
基準に，若干方向の修正を行なっている。

側溝　北側溝の上部硬化面と南側溝の一部を対
象に，グリッド杭を基準に行なった。硬化面を含
む側溝底部において，任意に測定範囲を絞り込
み，グリッドに覆せる形で 10 cm メッシュを設定
した。道路面と同様，側溝実測図の縮尺に合わせ
た測定図を作成し，各地点ごとに 10 cm 間隔で測
定・記録を行なった。

(2) 測定の結果

硬度測定で得られた数値を概観すると，道路上
での測定値は概ね20前後を示し，硬化部分を含む
北側溝寄りではやや変動があるものの，30を超す
箇所が見られた。側溝についてもとくに北側溝の
硬化面では，広範囲で30以上の数値が得られた。
視覚的に捉えた硬化範囲に30前後の高い数値が分
布している点から，視覚・触覚的要因とで，硬化
部分の捉え方に矛盾がなかったことが確認され
た。また，硬化部分が視覚的に捉えられていない
箇所でも，散発的だがやや高い数値が分布する傾
向が認められた。このことは轍状の硬化部分が広
域的に確認されている点からも，数値的に他と比
較し得る範囲をも，硬化部分として捉えられる可
能性を示すものとして見ることができる。

このように，道路遺構の硬化部分（面）は主と
して視覚・触覚的要因によって検出できるが，土
壌硬度計を使用することにより，より正確な把握
が可能になると言える。

3　自然科学分析

調査では，遺跡周辺の地質の把握および古植生
の復元を図るとともに，検出された道路遺構の構
築年代の推定を試みた。分析試料は，道路遺構の
調査過程で，側溝覆土と道路部分の土層断面にお
いて採取した。

道路遺構の構築年代の推定では，テフラ検出分
析の結果，いずれの断面においても，上位で Ss-4
（下新田第4テフラ）に由来する淡褐色軽石粒子が

検出されている。また，一部を除き，下位では粗
粒と細粒の2種類の白色軽石粒子が確認されてい
る。Ss-4は浅間B軽石（1108年降下）に対比され，
また粗粒の白色軽石粒子が6世紀中葉の榛名―二
ッ岳軽石，細粒の粒子が4世紀中葉の浅間C軽石
に由来するとされる。このことから，側溝の土層
観察における B 軽石粒子を含む暗褐色土層以下
の，黒褐色・暗褐色土層が，同遺構に伴う遺物を
包蔵する層として捉えられる。分析結果からは，
道路遺構の構築年代は6世紀中葉以降，1108（天
仁元）年以前と推定されている。

北側溝内の2面の硬化面では，いずれにも白色
軽石粒子が含まれており，検出量にもほとんど差
異は認められていない。上面と下面とでは当然時
期差はあろうが，構築年代については，道路遺構
と同様の時代幅が想定されている。このことは，
含まれる軽石粒子の種類や検出量の点から，それ
ぞれの形成時期，使用年代に相違を求め得るとし
た，当初の推測を否定する結果となっている。

4　ま　と　め

本遺跡の道路遺構は，全長が東西約 250 m に及
び，南北側溝の心々距離は平均 12 m 前後を測
る。側溝に区画された道路面の北側溝寄りでは，
轍（線）状の硬化部分が検出されている。坏・蓋
などの出土遺物の年代と，自然科学分析の結果と
により，古代の道路遺構として位置付けられる。

群馬県新田町周辺地域では，同町の市宿通遺跡
や佐波郡境町の牛堀遺跡・矢ノ原遺跡などで，こ
のような道路遺構の検出が報告されている。約
10 km にも及ぶ直線的な道路遺構の存在が想定さ
れており，古代東山道との関係などで注目されて
いる。本遺跡の道路遺構はやや北方に位置する
が，近年歴史地理学の方向からも進められてい
る，当地域の古代道路の性格解明に寄与するもの
と思われる。

参考文献

木下　良「近年における古代官道の研究成果につい
て」国史学，145，1991

須田　茂「東山道と新田駅」新田町史，通史編（原
始・古代），1990

坂井　隆「東山道・あづま道を中心とする道路遺構の
考古学的特徴―上野地方の陸上交通史序論―」群馬県埋
蔵文化財調査事業団研究紀要 6，1989

阿部祥人「発掘調査における土壌硬度測定について」
考古学の世界，慶應義塾大学民族学考古学研究室，1989

埼玉県東の上遺跡の道路遺構

所沢市教育委員会
■ 飯田充晴
（いいだ・みつはる）

東の上遺跡で発見された波板状凹凸面は道路築造において重要な
路床部分であり，雨水対策のためにも必要であったと考えられる

今回紹介する東の上遺跡は，埼玉県南西部，首都圏 30km 内で，すでにベットタウン化した所沢市に所在する。

今までの発掘調査で得られた成果は，竪穴住居跡は約300軒，掘立柱建造物跡，掘立柱跡のなかには倉庫と思われる総柱構造，柱穴間を溝で結ぶ溝持ち工法も存在する。溝によって大形の掘立跡が囲繞すると想定される 30m 程度の方形区画，溝の覆土からは円面硯が出土している。掘立の近くには径 5〜6m，深さ 2m の摺り鉢状の土坑が 3基直列し，底面より緑釉陶器，馬頭骨が出土している。また遺物では，東京都府中市方面に多く出土する，赤彩された盤状坏。須恵器は埼玉県鳩山古窯，群馬県方面，静岡県湖西方面から搬入されている。特異な遺物としては馬に関係したものが多く，轡や馬に記したと思われる焼印，さらに1993年になって，表に具注暦，裏には馬の戯画を描いている漆紙文書も出土している。

1 立地と環境

所沢市は，武蔵野台地のほぼ中央よりやや北西部に位置し，一見すると武蔵野台地の平坦な地形に占められているようであるが，市域の南側一帯には平坦な風景に変化を与えるように標高 80〜190m の狭山丘陵が横たわっている。この狭山丘陵は，武蔵野台地上に島状に突出する独立丘陵で，先端を西に向ける砲弾形の平面形を呈している。先端をそのまま西側に延長すると扇状地形の頂部である東京都青梅市で，そこから放出される旧多摩川が直接攻撃を与えた結果，周囲が削り取られて砲弾形になったと考えられている。東の上遺跡は，この丘陵の東側末端の「八国山」を南に臨む位置に立地している。八国山はその名が示すように，関八州を見わたせるという高所で，まさに丘陵から台地に移行する地形の変換点である。遺跡の直下を流れる柳瀬川は，丘陵から遺跡付近で抜け出し，台地内を約 15km 流下して荒川に放出される。遺跡は台地崖線に沿いながら 1km，

奥行き 400m 内に展開され，40ha という面積を占有している。

柳瀬川流域の遺跡を概観すると，旧石器時代と縄文時代が圧倒的に多く，柳瀬川沿いに切れ目なく分布している。それに対し農業経営を基盤とする弥生時代・古墳時代は，遺跡は激減し，それも上流域の丘陵裾部で，支谷内の谷戸地を臨む立地に限定され，中流域の台地部分は空白地帯となっている。それはあたかも狭隘な谷戸地に依存する生活を示すのであって，沖積地の進出を可能にしていない。その傾向は次の歴史時代でも，上流域の数カ所の遺跡が示すように，数軒単位の小規模集落を形成し，谷戸地を選地しているなど共通している。歴史時代では台地内部の開発も十分考えられるが，これらの遺跡が示すように，所沢では依然として谷戸地に依存する姿勢がつよく，地勢的な影響が根強かったことを物語っている。このように東の上遺跡の出現は，小規模集落が点在するなかにあって，規模，内容など明らかに優位に立つもので，特異な感じを受ける存在である。そのことは自然発生的な集落と考えるよりも，なんらかの目的を持って人為的に計画された可能性が強いといえるだろう。

2 道路の規模と構造

第36次調査で検出した道路跡は全長 100m である。過去の調査で得られている硬化面を考慮すると総延長 300m に達する。走向状態は，直線を維持しながら真北に対し約10度西偏し，両側溝間心々距離で 12m をはかる。

両側にある側溝は，1m 内外の幅に統一され，一直線を維持しながら，平行関係を保っている。その整然とした走行プランに対し，掘り方は不自然で，深い部分が 1m，浅い部分が 0.3m と一定していない。そのことはちょうど深い部分が縦列する土坑状を呈し，接近した部分はブリッジ状といえるものであった。興味ある所見として，この深い部分と浅い分部の計画的な配慮は，さほど意

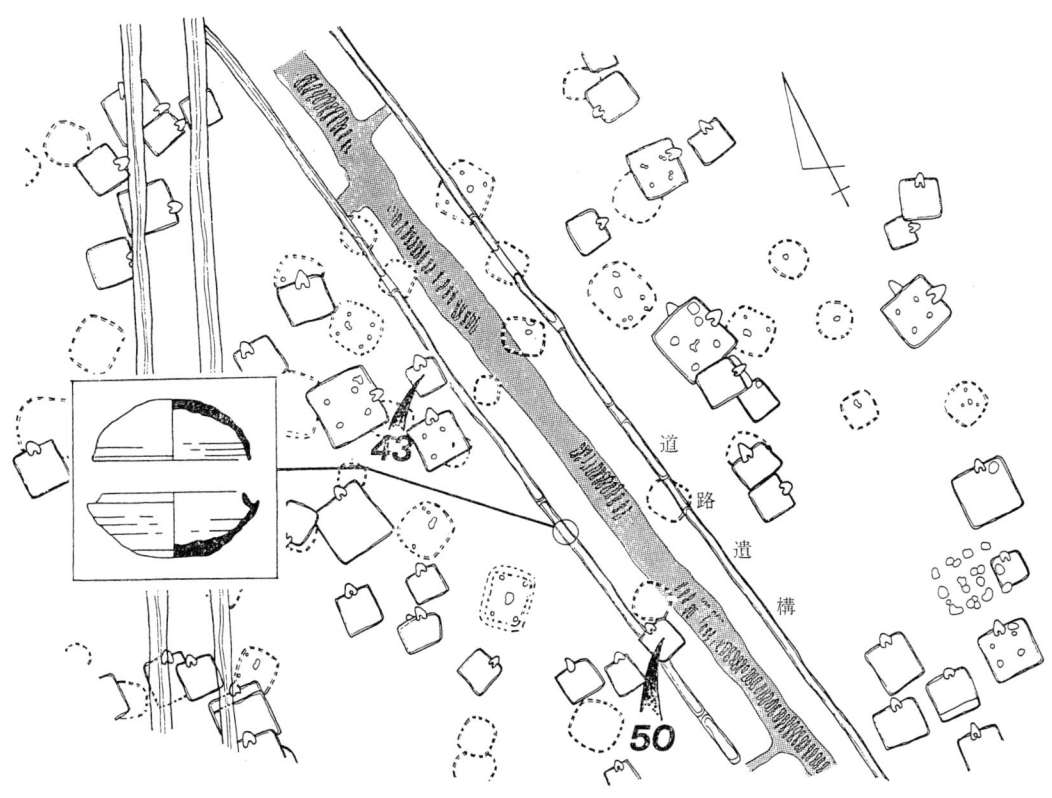

東の上遺跡第36次調査全体図

識されなかったようである。弥生時代の住居跡と重複する部分では，今まで深く掘削していたのにもかかわらず，固い床面に直面すると，急にその面で作業を止めてしまう。このことは，掘削になんらかの支障をきたす問題が生じると，当初からの計画をいとも簡単に変更してしまうことである。横断面では，浅い部分が単純なU字状，深い部分が先細りの漏斗状を示している。覆土は大きく3層に分層でき，大方の1層・2層は黒色土であったが，第3層はロームブロックと粒子からなる単一層で，深い部分に限定されていた。この第3層は黒色土をまったく含まず，堆積状態も水平を示すなど，人為的な状況がうかがえる。掘削時に完全な廃土処理は行なわれず，ある程度の底面を露呈させた段階で，そこから産したロームを再度埋め戻したのか，あるいはその部分のみを掘削具で掘り起こしただけの状況であるといえる。

　硬化面は平行する側溝間に 3〜5m の幅で構築されている。部分的には弱い蛇行も認められているが，大方は側溝に規制されるように直線状を示している。この硬化面から直角に延びる枝道も確認されている。硬化面の横断面は皿状を示し，中央部が最も低い構造である。排水を考慮する現代の道路は蒲鉾状であるが，それとはまったく逆である。硬化面の上には，締め固められた状態の黒色土が充塡されていた。断面観察では，全体的に締まりの強いなかで，わずかに固い面が2枚認められた。しかし平面的な調査では，その面できれいに剝げず，面としての把握は困難であった。この断面で見る2面は路面と考えるよりも，むしろ締め固め時の小割作業面を示しているのであろう。この黒色土は道路表層にちかい舗装部材と考えるのが妥当であろう（現在の道路で言うアスファルト舗装部分に近いと考えたい）。実際の路面は確認面より上位であって，すでに削平されていると思われる。

　硬化面の中央には，幅 30〜50cm，長さ 1.2〜1.5m の長円形もしくは溝状の落ち込みが接近しながら連なっている。連続する凹凸面から，洗濯板状，波板状などと呼ばれているものである。落ち込みの底面を観察すると，径 20cm 程度の凹部が多数残されている。建築用語でいう「タコ」と呼ばれる丸太棒で入念に転圧した結果であると思われる。

3　道路の年代

　築造年代は，側溝内の土坑に人為的に埋納され

37

た可能性のある須恵器，坏身・坏蓋によって，少なくとも7世紀第3四半世紀を与えてもよいであろう（全体図）。側溝全体からの出土遺物は，小破片の土器が数点で，皆無に近い状態であった。その中で完形品がセットで，それも側溝内に一段掘り下げられた土坑から出土している。地鎮祭的な行為がそこで行なわれた可能性がある。

側溝の廃絶時期は，竪穴住居跡の進出によって明らかである。43号と50号住居跡は8世紀後半の遺物を所有する住居で，側溝の覆土を切って構築されていた。発見当初の所見では，この段階で道路の機能がすべて停止したと考えられた。しかしその後の精査で硬化面下層から全面糸切り痕を残す須恵器が発見され，少なくとも9世紀段階まで硬化面は存続していたという事実が明らかになった。そのことは43号と50号住居が側溝を切っていても，硬化面域まで進出していないことに関連し，側溝廃絶後，12mを誇る道路も3〜5mに縮小され，硬化面のみで存続していたと考えられる。

4 ま と め

波板状の痕跡は，各地の遺跡から発見され，ごく限られた地域に限定されるものでないことが確認されつつある。解釈については，物資運搬のコロに伴う枕木の圧痕という見解もだされている[1]。それに対し東の上遺跡で得た所見では，丸太状の用具で転圧を行なった状態が看取され，明らかに意図的な転圧を施し，波板状の凹凸面が作り出されていた。さらにその上面には，締め固められた黒色土が被覆され，波板状の硬化面は完全に密閉されていた状態といえる。このことから上面の黒色土も当然道路築造材の一部で，表層の舗装部材と考えられ，そして波板部は道路築造において最も重要な支持基盤，路体もしくは路床部分と考えたい。それではなぜ不自然な凹凸面，波板状が必要であったかである。まず第一に，道路の主軸に対し直交する配列は，上層の舗装部材の安定により効果的である。活動崩壊を防ぐために抵抗を与えていると考えられる。斜面地でより顕著な例はそのことを具体的に物語っているであろう。

第二に，雨水対策として，凹凸面の築造で表面積を増大させ，地下浸透を円滑にする配慮と考えられる。仮に硬化面が平坦であったとすれば，集中豪雨時では上からの雨水が飽和状態となり，下

からの気泡の脱気が妨げられる。この間に圧縮空気膜が生じ，崩壊活動につながる危険性が高い。幅12mで一直線を維持する走行プランは，精緻な測量を実行した結果であって，計画性に富むものである。それであるからこそ構造面においても，熟知した土質構造の知識を基に，緻密な築造方法が採用されていたと思われる。そのことは側溝底面の無計画と思える掘削も，案外意識的配慮があったかもしれない。東の上遺跡は台地肩部のため，フラットな側溝に落ちた雨水は流れを生じ，浸食崩壊を起こす可能性が強い。深い部分は流水を未然にふせぐ保水施設，その帯水を生ローム層へ徐々に浸透させるために第3層の客土が必要であると考えたい。無計画な配列は露呈させる必要性がないからであろう[2]。

『続日本紀』宝亀2年（771）の東山道から東海道に所属替えの記載のなかに，群馬から武蔵国府につながる東山道武蔵路を想定する記載がある。ここで紹介した道路跡は，武蔵国府から北へ延びる道路と規模・構造が共通している。それぞれが武蔵路の一角を占める可能性が強いとされ，群馬に向かってほぼ直線的な模索が盛んである。そのルート復元の大方は，東京都府中市（武蔵国府）—国分寺市（武蔵国分寺）—埼玉県所沢市（東の上遺跡）—狭山市—鶴ヶ島市—坂戸市—東松山市—熊谷市—群馬県太田市—新田町などとほぼ共通している[3,4,5]。

ここでは築造方法を中心に進めた。ルートの復元は極めて重要である。しかし，現場の行政の埋文担当者として，現段階においてはまだ発見例の少ないなか，個々の点を確実に押さえれば必ず線になると考え，遺構の識別に少しでも参考になればと思っている。

註
1) 早川　泉「古代道路遺構に残された圧痕—波板状凹凸面の性格について—」東京考古，9，1991
2) 飯田充晴「道路築造方法について—埼玉県所沢市東の上遺跡の道路跡を中心にして—」古代交通研究，2，1993
3) 木本雅康「亀宝2年以前の東山道武蔵路について」古代交通研究，2，1992
4) 酒井清治「武蔵国内の東山道について—特に古代遺跡との関連から—」『国立歴史民俗博物館研究報告』1993
5) 荒井健治「国府（集落）"域"存在の可能性について—武蔵国府西側部分の事例から—」東京考古，11，1993

小矢部市発掘の推定北陸道

小矢部市教育委員会
■ 伊藤 隆三
（いとう・りゅうぞう）

小矢部市域においては古代北陸道と推定される遺跡の調査が行なわれ，とくに桜町遺跡では幅約6mの道路遺構がみつかっている

延喜式記載の古代北陸道は，近江国穴多駅を初駅として琵琶湖西岸を北上し，若狭国弥美駅に至り越前，加賀，能登，越中の各駅，越後渡戸・伊神駅へ，そして佐渡へと至る。従来その道筋は主に，駅家の現地比定から考えられてきた[1]。しかし道路それ自体の位置と形状についての具体的な検討は，充分とは言えない。近年，越前国丹生郡・今立郡内におけるルート[2]，加賀国内におけるルート[3]，および越中国内の一部について[4]歴史地理学的に復原が試みられているが[5]，考古学的にはほとんど検討が行なわれていないのが現状である。

1 加越国境をめぐる古代道

加賀から越中に至る古代ルートは次の3ルートが考えられている。第一は石川県津幡町（加賀国）から富山県小矢部市へ抜ける「倶利伽羅越」[6]，第二は金沢市（加賀国）から福光町へ抜ける「二俣越」[7]，第三は志雄町（能登国）から氷見市に抜ける「志雄越」[8]である。この内，第二は駅間距離などから[9]，また第三は支路国である能登国[10]を経由することなどから，駅路の通過地としての可能性は薄い。従って第一のルートの可能性が最も高いことになる。ここで紹介するのは越中西部に位置する小矢部市域において確認された古代北陸道と推定される表層の遺構と，その一部について行なわれた発掘調査の所見である。すなわち，式制加賀国深見駅から越中国坂本駅を経て川合駅に至るルートの一部についての状況である。

2 条里地割と古道痕跡

越中国は越前国とともに東大寺領荘園が数多く設置されたことで知られ，条里地割の調査検討が古くから行なわれている[11]。今回検討の対象となる地域においては金田章裕氏による条里地割の復原図[12]があり，発掘調査の実施にあたって有益である。1987年から90年の間発掘調査を実施した北反畝（きたぞり）遺跡，1992年から93年の間実施した埴生南（はにゅうみなみ）遺

跡はこの条里地帯のなかにある。両遺跡の発掘調査では条里地割に即した建物，柵，溝などの遺構が検出されたが[13]，これらはいずれも12世紀後半代に属するものであり，地表に残された条里地割がこの時期のものであることを示している。しかも，埴生南遺跡で検出された奈良時代前半代に属する遺構群は西へ大きく傾いており，条里地割とは一致しない。このことから，この地割がかつて施工された地割が全く考慮されずに，新たに施工されたと見ることが可能である。この12世紀後半代に施工された条里地割は金田氏の提唱する「荘園の条里プラン」[14]に基づくものである可能性が高い。

古道痕跡と見られる表層遺構は，この条里地帯を南南西から北北東に直線的に通っている。この痕跡は地籍図上でも，また，ほ場整備以前の空中写真でも明瞭に確認でき，さらにこれが大字界ともなっていることから，木下良氏が注意を喚起していたものである[15]。この直線は大字埴生と綾子の界においてとくに明瞭であり，南に向かっては道林寺・長地区へ，北に向かっては石動市街地の街口に達している。北へはさらに街口で屈曲し市街地背後丘陵地縁辺から桜町地区へと延伸するものと見られる。通過地の地形状況は南部においては低位段丘上の縁辺部近くを，北部においては断層崖に添って丘陵裾を直線的に通っている。現在の石動市街地付近とその北側は，小矢部川と子撫川によって形成された後背湿地であり，これを避けるため北部については山裾寄りのルートをとったものと考えられる。これらはほ場整備前には小径あるいは手畦などとして，条里地割によって破壊された部分はあるもののかなりの程度確認が可能であったと思われる。また，道林寺および隣接する松永地区ではこの道路痕跡とほぼ直行して，不明瞭ながら一辺が2～3町方格の斜行地割が連続的に確認される。この北側辺は福野町安居寺に至る「観音道」として近年まで機能しており，さらに，この西延長は倶利伽羅合戦の際，源義仲軍

の一隊が進行したと伝承される砺波山々中の古道矢立越道へと繋がっている[16]。

3 発掘調査の状況

　小矢部市内の遺跡の分布は小矢部川左岸地帯に集中している。右岸に広がる広大でアクティブな庄川扇状地上では，扇端部の湧水帯付近，東扇側部および扇央部の一部でしか遺跡の分布が確認されていない。左岸地帯では律令・中世の集落跡のほか，7世紀後半から8世紀代にかけての須恵器・瓦の生産遺跡も集中度が高く，また古墳の分布も顕著であり砺波郡内最大の古墳群を形成している。既述の斜行地割はこの中心的位置にある。この周辺の発掘調査では「郡」の墨書土器[17]，瓦，塼仏，円面硯，緑釉陶器などが出土しており，郡家など古代砺波郡の中枢施設が存在したことを推定させる。またこの西方丘陵地先端部には「関野」の小字名がみられ，「越の三関」のひとつとされる砺波関を比定する考えがある[18]。
　一方，子撫川の右岸自然堤防上に立地する北方の桜町遺跡は1980年以来，国道8号小矢部バイパス建設工事に伴い発掘調査が行なわれ，律令期の多数の遺構群が発掘されている。1987年の調査では「長岡」の墨書土器が出土し，倭名抄記載の「長岡郷」であることがほぼ確定した。また「長岡神祝」「祢宜」「大祝」などの墨書土器から延喜式神名帳記載の「長岡神社」の存在も考慮される。この1984年に実施された産田地区の発掘調査で，古道痕跡に連なる道路遺構の一部が発掘された[19]。道路遺構は幅60〜80cmの両側溝を備えており，その溝間の距離は約6mである[20]。一部切れる部分はあるが東約25°の傾きをもって直線的であり，その南南西の延長は断層崖裾部に連なっている。旧地割の一部にはその痕跡と見られる小径も確認される。桜町遺跡では現在までに，7世紀〜9世紀代の100棟を越える掘立柱建物跡が発掘されており，道路遺構もまたこの時期に属するものである。
　古代官道が古代の地域開発の基準線とされたと考えられる事例がある[21]。桜町遺跡で検出された建物群の中にも，道路遺構に直交あるいは平行するものがあり，注意を引く。しかし，「土地計画上の計画的直線古道の位置付け」は多様であり[22]，一律にはとらえきれないのが実情である。道路遺構と地域開発との関連性については，今後の調査

の蓄積を待たなければならない。

4 坂 本 駅

　ところで，越中最初の駅である坂本駅の比定地は倶利伽羅越説をとった場合，小矢部市蓮沼説[23]そして同坂又説[24]がある。後者は坂又を坂本の転訛と見るのである。現在坂又は小矢部川右岸，子撫川との合流点付近にあり，小林健太郎氏は「坂又地区には駅家や官道を推定させる小字名も残されておらず，その乱れた土地割りはむしろ小矢部川氾濫の激しさを物語り，旧流路の痕跡も明確に残されている。次駅川合駅が小矢部川左岸の山麓に想定されることを考えると，この不安定な坂又地区に往時の坂本駅が置かれていたとするのには無理が多いように思われる。」としてこの考えに否定的である[25]。一方，坂又はこの地区だけでなく小矢部川を挾んだ対岸にもある。現在の小矢部市西福町の一部にあたり，地元では右岸の坂又を「向う坂又」あるいは「荒川坂又」と呼び，左岸の坂又を「石動坂又」と呼びならわしている。しかし，この石動坂又も小矢部川に近接しており決して地勢の安定した所ではない。この坂又に西接するのが桜町・西中野地区であり桜町遺跡である。では，桜町遺跡に坂本駅が所在した可能性はないだろうか。近年，主に山陽道を中心に駅家の構造についての調査・研究が進んでいる。それによれば，駅家は柵あるいは築地によって囲まれた区画を持ち，その中に官衙風建物が整然として配置され，道路に面して門が設けられるという状況が想定される[26]。このような状況を考えると，現状では桜町遺跡の建物の規模や配置からそれを想定するのは困難である。従って，従来説のうち最も有力視される蓮沼付近に坂本駅を考えると，先に指摘した郡家想定地に至近の位置となり，郡家・駅家そして関といった重要な施設がこの一帯に集中していた状況を想定せざるを得ないこととなる。

5 加賀・越中国境付近の官道ルート

　加越国境付近から越中西部域における古代北陸道は既述の状況を考慮に入れれば，石川県津幡町に想定される深見駅から尾根伝いに倶利伽羅峠を越え，矢立越の道筋を通り[27]，郡家などが想定される松永・道林寺地区に至り（口絵A地点付近），後世観音道と称される道筋を東南東に下り（A〜B地

点），渋江川左岸の段丘崖の手前で一転して北北東に進路を変え坂本駅が比定される蓮沼を通過して直線的に進み，石動丘陵南麓（C地点）に達してから角度をさらに東に変え，断層崖裾部を進み桜町遺跡（D地点）へと達するものと見られる。その後子撫川を渡り，狭長な小矢部川左岸地帯を山麓添いに進み，次駅川合駅へ至ったものと考えられる。

　なお，中世における主要道の道筋は今のところ明らかではなく，また，近世北国街道は倶利伽羅峠を越えて後，矢立山からは北に進路をとり，石坂・埴生地区へ下り山裾を通過しながら石動街口で古代道と合流し，一旦これと軌を同じくするものの，桜町遺跡に至る前に進路を東に変え小矢部川を渡り，高岡・戸出方面へと向かっている。古代道を踏襲する部分は少ない。

　註
1）　藤岡謙二郎編　小林健太郎ほか執筆「北陸道」『古代日本の交通路Ⅱ』大明堂，1978
2）　金坂清則「古代越前国地域整備計画についての一試論」『日本海地域史研究』五，文献出版，1984
3）　森田　悌「古代加賀国の駅制」日本海域研究所報告，24，1992
4）　木下　良ほか『富山県歴史の道調査報告書一北陸街道一』富山県教育委員会，1980
　　　木下　良「古道と条里」『条里制の諸問題Ⅱ』奈良国立文化財研究所，1983
　　　木下　良「古代北陸道の交通・雑感」加能史料会報，3，1987
　　　木下　良「古代交通研究上の諸問題」古代交通研究，創刊号，1992
5）　その他，都が長岡京に移る以前の平城京から山科に至るルート。足利健亮「古北陸道の復原」『日本古代地理研究』大明堂，1985。また，式制官道とは別の古代道の研究。
　　　木下　良「敦賀・湖北間の古代交通路に関する三つの考察」敦賀市史研究，2，1981
6）　吉田東吾『大日本地名辞書』冨山房，1902
　　　増山安太郎「奈良時代の北陸道一クリカラ越か志雄越か一」越中史壇，6，1955
　　　小林，前掲註 1）
7）　森田柿園『越中史徴』ほか
　　　坂本太郎『上代駅制の研究』至文堂，1928
　　　石崎直義「越中坂本駅考」越中史壇，29，1964
　　　石崎直義「古代越中の豪族利波臣一族の隆替とその居館址考」歴史地理学，10，1980
8）　森田前掲註 7）
　　　橋本芳雄「能登・越中交通史」越中史壇，10，1956
9）　木下，前掲註 4），小林，前掲註 1）
10）　米沢　康「古代北陸道の駅伝制について」信濃，28—5，1976
11）　弥永貞三ほか「越中国東大寺領庄園絵図について」続日本紀研究，通巻50号別冊，1958
　　　谷岡武雄「歴史時代における 扇状地の開発」『平野の開発』古今書院，1964
12）　金田章裕「条里制」『小矢部市史』上巻，1971
13）　小矢部市教育委員会『北反畝遺跡一条里遺構の発掘調査概要一』小矢部市教育委員会，1989
　　　小矢部市教育委員会『北反畝遺跡一条里遺構の発掘調査概要Ⅱ一』小矢部市教育委員会，1990
　　　伊藤隆三「北反畝遺跡の発掘調査からみた小矢部市域の条里地割」条里制研究，6，1990
14）　金田章裕「国図の条里プランと荘園の条里プラン」日本史研究，332，1990
　　　金田章裕『微地形と中世村落』吉川弘文館，1993
　　　金田章裕「医王山麓の平野における中世の景観」『医王山文化調査報告書　医王は語る』富山県福光町・医王山文化調査委員会，1993ほか
15）　木下，前掲註 4）
16）　伊藤隆三「小矢部市内で発掘された古代道」古代交通研究，創刊号，1992
17）　小矢部市教育委員会『道林寺遺跡』小矢部市教育委員会，1987
18）　米沢　康「古代砺波関考」越中史壇，29，1964
19）　小矢部市教育委員会『桜町遺跡一産田地区発掘調査概報一』小矢部市教育委員会，1985
20）　現在一般に，駅路の幅は 9〜12m と考えられている。桜町遺跡で検出された道路遺構は幅 6m 程であるが，測設の時期，幅員減少の可能性など検討の余地も残されている。なお，現在実施中の調査で，所謂，波板状凹凸面が確認されている。
21）　大和国下津道，讃岐国南海道など
22）　金田章裕「歴史地理学の方法と古代史研究」『新版　古代の日本』10，角川書店，1993
　　　金田章裕『古代日本の景観』吉川弘文館，1993
23）　小林，前掲註 1）
24）　木倉豊信「古代・中世の越中と交通」越中史壇，10，1956
25）　小林，前掲註 1）
26）　高橋美久二「山崎駅と駅家の構造」『長岡京古文化論叢』中山修一先生古稀記念事業会・同朋舎出版，1986
　　　岸本道昭「古代山陽道と布勢駅家一礎石瓦葺駅館院」古代交通研究会，創刊号，1992
　　　荻　能幸「落地遺跡 発掘調査概報」古代交通研究，創刊号，1992
　　　龍野市教育委員会『布勢駅家』龍野市教育委員会，1992
　　　志水豊章「考古学から見た駅家一播磨小犬丸・落地遺跡を中心に一」『古代交通研究会第 2回大会資料』古代交通研究会，1993
27）　木下　良「古代官道の軍用的性格一通過地形の考察から一」社会科学，47，1991

高槻市発掘の山陽道

高槻市立埋蔵文化財調査センター
■宮崎康雄
（みやざき・やすお）

山陽道の調査は嶋上郡衙跡と郡家今城遺跡で行なわれ，幅 10〜12
m の山陽道は 8 世紀中頃にすでに敷設されていたことがわかった

桂・宇治・木津の流れを集めた淀川をくだって
いくと，やがて眼前に大阪平野がひらけてくる。
その中流域南岸には北河内の広大な低湿地がよこ
たわり，北岸には高燥な三島平野がひろがる。高
槻市域は三島平野の東半分を占め，律令時代の摂
津国嶋上郡にあたる。

文献では『続日本紀』に「和銅四年春正月丁未。
始置都亭駅。山背国相楽郡岡田駅。綴喜郡山本駅。
河内国交野郡楠葉駅。摂津国嶋上郡大原駅。嶋下
郡殖村駅。伊賀国阿閇郡新家駅。」とあり，平城
京から各地にのびる主要官道に駅家が置かれたこ
とが記され，山陽道が嶋上郡を通過していたこと
を示しているのをはじめ，律令期をとおして嶋上
郡にあったことは『延喜式』など以後の史料から
もうかがえる。

歴史地理的には，古代官道が直線形態をとるこ
とがはやくに指摘されており[1]，本市内を一直線
によこぎる近世西国街道が古代山陽道を踏襲する
ことには疑いの余地はない。本稿では高槻市域で
調査した山陽道についてとりあげ，その規模や変
遷について述べてみたい。

1 遺構の概要

高槻市では嶋上郡衙跡と郡家今城遺跡の2遺
跡・13地区で山陽道を調査している。ここでは遺
跡ごとにその概要を述べる。

(1) 嶋上郡衙跡（東区）

1970年，嶋上郡衙の南限を画す山陽道の位置を
たしかめるため，西国街道北側の東1区で試掘調
査が実施された。ここでは側溝によって区切った
南北2条の道路をはじめて検出した。北道路は幅
6m の路面を直径 10〜20cm の礫や瓦片を粘土と
ともにつき固め，両側の路肩には幅約 1.5m，深
さ 0.2m の側溝を掘削していた。南道路は，北よ
り小さい礫と粘土でつき固められた路床をもつ。
路面幅 9m 以上を測り，北道路より古い。その
後，東1区の東約200m の東2区や東3区でも同
様の路床を検出したことから，山陽道は直線であ

ることや西国街道がそのルートを踏襲しているこ
とが考古学的にあきらかとなった。

東1区に東接する東4区では，古墳時代の包含
層上面で2時期の道路を検出した。路面幅 10m
の道路北側に 6m の道路を再設し，側溝はともに
幅 1m，深さ 0.1m を測る。路床はこぶし大の石
と粘土でつき固めていた。側溝の埋没時期は11世
紀中頃であった。

東5区では，山陽道の北を画す幅 1m，深さ
0.1m の平行して続く2条の側溝があり，北から
南へつくり替えたことが判明した。ここでは直線
道路の障害となる5世紀末〜6世紀初頭頃の古墳
をも削平していた。

東7区では，9世紀から10世紀にかけての3時
期におよぶ山陽道跡を調査し，その変遷があきら
かになった。まず，9世紀中頃までに幅約 1.5m
の側溝を南北にもつ路面幅 6m の山陽道ができ
る。側溝が埋まった9世紀後半には，やや南に位
置を変えてつくられる。検出した側溝は，幅 2.1
m とやや広い。路面幅は 6.5m 以上となり，路
床は礫や瓦を混ぜた粘土によってつき固めてい

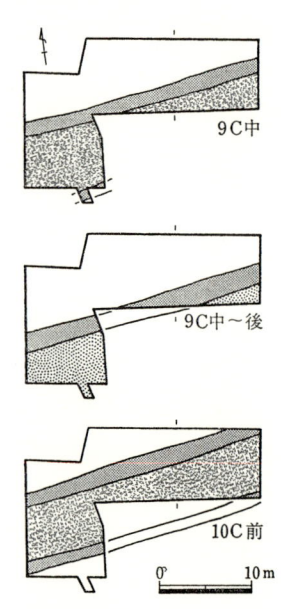

図1 嶋上郡衙跡東7区の変遷（文献dより）

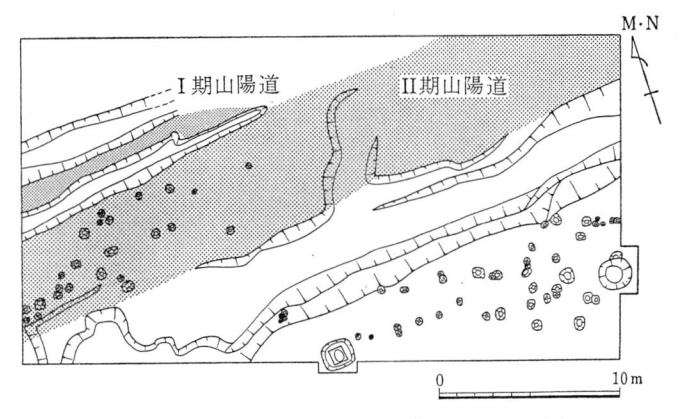

図3 郡家今城遺跡西4区平面図（文献gより，一部改変）

表1 高槻市検出の山陽道

	東　地　区	文献		西　地　区	文献
1	嶋上郡衙跡 (65-B・F)	a	1	郡家今城遺跡 (86-R)	—
2	〃 (57-F)	a	2	〃 (G 12-27)	f
3	〃 (57-G)	a	3	〃 (G 12-28)	g
4	〃 (65-C)	b	4	〃 (G 13-35)	h
5	〃 (55-L・P)	c	5	〃 (G 13-37)	i
6	〃 (57-J)	d	6	〃 (89-2)	j
7	〃 (56-N・O)	e			

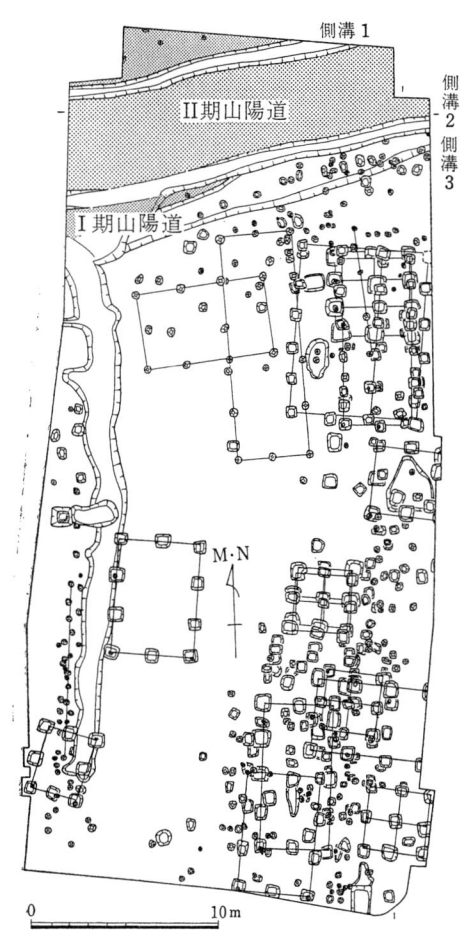

図2 郡家今城遺跡西6区平面図（文献iより）

た。これは東1区などで検出した新道にあたる。10世紀になると，幅 6m の道路を北寄りに再設し，側溝幅は北が 1.8m，南が 1.5m となる。この側溝が埋没した後，調査区は瓦器を含む整地土におおわれ，あらたに道路を補修・整備した跡はない。

(2) 郡家今城遺跡（西区）

郡家今城遺跡は嶋上郡衙跡の南西にあり，8世紀中頃から10世紀前半頃にかけて展開する。三彩土器・円面硯・風字硯・銙帯などの特徴的な遺物が出土することから，嶋上郡衙に関わる官人の住む集落とされている。1986年以降6か所で検出した山陽道は，集落の北辺を東北東〜西南西に通過していた。

西6区では重複する山陽道を調査した。側溝1・2は新道の側溝で，ともに幅 1m，深さ 0.3m を測る。路面幅は 5m，溝心々間で約 6m となる。側溝3は旧道の南側溝にあたり，幅 1.5m，深さ 0.3m と新道の溝より大きい。対になる側溝

は未検出だが，周辺の調査状況から路面幅は 10m 前後であったと推定できる。新道の整地土中には多数の砂利や土器片を混ぜていたのに対し，旧道では土器をまったく含まないことから，包含層形成前に整地したと考えられる。側溝や整地土の出土遺物や重複関係から，郡家今城集落の成立以前につくられた旧道は，路面幅が当初 10m ほどあったが9世紀中〜後半頃には約 6m に縮小したことがわかっている。

西6区の東側，西3〜5区でも重なりあった2条の山陽道を検出した。路面幅約 10〜12m，側溝幅 2m 前後の道路と路面幅 6m，側溝幅 1m 前後の道路があるものの，両者の先後関係はあきらかにできなかった。西6区検出例から推測すれば，南側溝の位置をかえずに 10m の道路を 6m 道路へと縮小したようである。なお，側溝の埋没時期は10世紀中頃であった。

2　規模と構造

これまで嶋上郡衙跡と郡家今城遺跡で検出した山陽道を概観してきた。ここではその規模と構造について述べてみたい。山陽道の路面幅は 10〜12m と 5〜6m の広狭2種類あることがわかってきた。これは京都府大山崎町で調査した側溝から

の復原値約 11m[2) や京都府長岡京市の久我畷（こがなわて）における第1期路面8.8〜8.9m，第2期路面の 4.6〜5.5m[3) など，近隣地域での山陽道検出例に近似する。側溝についていえば，郡家今城遺跡では路面幅の減少に対応するように側溝幅も変化するが，嶋上郡衙跡ではこのような大きな変化はなく，幅員と側溝幅との関係はあきらかにし得ない。断面形については底がフラットな逆台形をなしていることが多く，基本的な形態としてとらえることができよう。その機能は路面境界の明示や降雨時などの排水にあり，水路のようにいつも水が流れた状況ではないようである。

　路面は，凹部や路肩などに補強を行なう程度で，大規模な整備はなされない。例外的に嶋上郡衙跡では，9世紀中頃に円礫や瓦片を粘土でつき固めて路床・路肩とする整備が東西約250mの範囲で行なわれる。これはよく石敷道路と表現されるが，実際は石畳のように敷きつめてはいない。このような路床が採用された理由のひとつに地形があげられる。嶋上郡衙跡周辺はなだらかな傾斜の低位段丘であり，谷や埋没河川などによるアップダウンがあった。調査の結果においても，山陽道は東7区で湿地を，東1区周辺では古墳時代に埋没した河川跡を横切ることがわかっている。軟湿地を通過するためには路床を強化し，官道とし

て良好な状態をたもつことが求められていたと考えられる。これは山陽道を短期間に再整備することや，郡庁院へと続くメインストリートでも同様の路床を検出していることからもうかがえよう。

3　まとめにかえて

　ここではまず山陽道の成立時期と変遷について述べてみたい。これまでの調査で8世紀中頃〜10世紀前半に数回の整備を行なったことがわかり，その規模や先後関係からみると新旧二時期に大別できる。ここでは先行する旧道をⅠ期，新道をⅡ期とよぶことにする。Ⅰ期山陽道は路面幅 10〜12m を測り，8世紀中頃にはすでに敷設されていたことがわかっている。それでは，施行時期がいつまでさかのぼるかを考えてみよう。

　山陽道は現存条里（ほぼ真北を示す）に対して斜行することが知られ，その角度は真北にたいして東へ約72度（N-72°-E）である。この数値は山陽道の成立時期を考えるうえでの重要なヒントとなる。

　高槻市で検出する奈良〜平安時代の掘立柱建物は，各時期ごとに同じ方向性を示し，時代がくだるにつれて柱の方向が，北で西から東へと振っていくことがあきらかになっている。たとえば，7世紀中頃に20度以上西に振っていた柱の方向は，

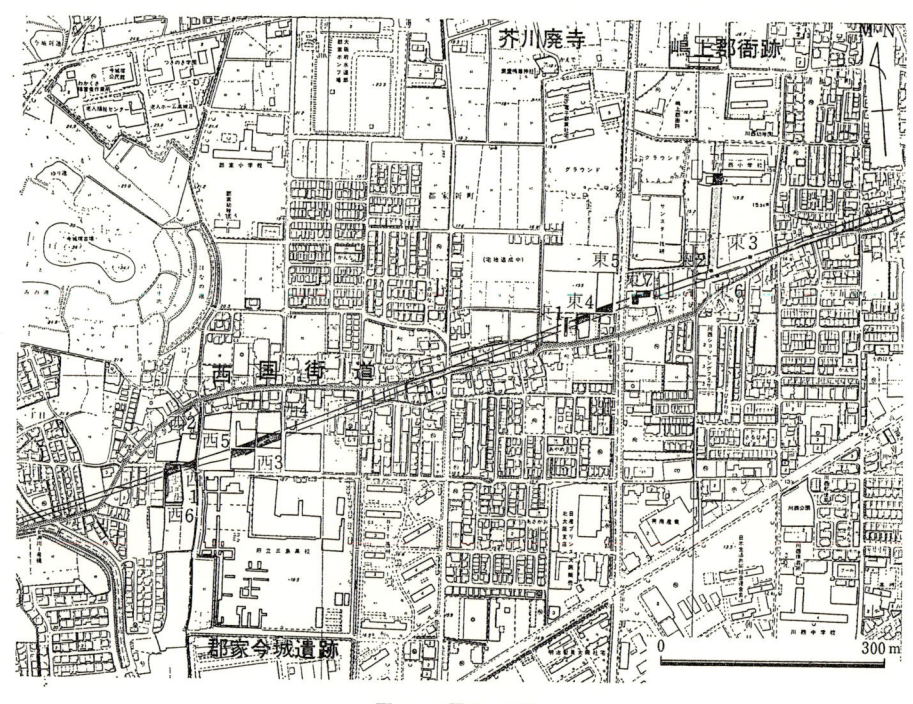

図4　山陽道の復原

8世紀前半〜中頃には磁北（N-6°-W），後半頃には真北をさすようになり，9世紀になるとさらに東へと振っていく。いいかえれば，遺物の出土量・質が乏しく，その時期があきらかでなくても建物の方向から，ある程度時期を推定できるということである。いま山陽道の時期をその方向と一致もしくは近似する建物の時期からみれば，おおむね7世紀末〜8世紀前半頃ということになろう。また，嶋上郡衙跡に西接する芥川廃寺周辺には現存条里とは方位が異なる地割がのこっている。このなかには山陽道とパラレルな位置関係をしめすものもあることから，7世紀末〜8世紀前半頃にはすでに条里にさきだって地割がなされていたことが指摘されている[4]。山陽道もこれに沿って敷設されたとみることができ，さきの建物の方向とあわせ，芥川廃寺の創建が白鳳期であることとも矛盾しない。

Ⅱ期山陽道はⅠ期とほぼ同じ位置につくられるが，その規模は路面幅5〜6mと縮小する。嶋上郡衙跡では比較的短期間に2度の改修を受けているが，郡家今城遺跡では明確な改修跡はみられず，一定の地域内でのみ改修をしたようである。Ⅰ期からⅡ期への転換時期は西6区調査例から9世紀中〜後半頃とみて大過なく，その後11世紀中頃までは存続していた。

さて，このような変化は高槻市域以外に，さきの久我畷において8世紀末頃の第1期路面から12世紀以前の第2期路面への改修時に路面幅の縮小があきらかにされている。これにはいくつかの原因が考えられるが，ひとつには大量輸送の手段として水運の比重が増したことがあげられる。大同2（807）年10月25日付け太政官符によると，山陽道各駅の馬数を減らして駅家の負担を軽減する措置をとっている。これは輸送手段として陸上交通の重要性が低下したことを示すとともに，官道関連の経費を削減する努力をあらわしている。山陽道の幅を縮小する時期が9世紀中頃であることからすれば，この流れの中に位置づけられよう。唯一の大路として威容をほこった山陽道も，実際にはⅡ期の幅さえ備えれば交通路としての機能を充分に発揮したといえる。

全国各地で検出される直線古道跡は，条里地割に沿うかまたは斜行するかの違いにより古道の敷設と条里の施行との時間的関係について，古道が条里に先行する場合には，斜行する古道は条里施行の影響を受けて部分的に屈曲すると指摘されている[5]。高槻市域の場合には，山陽道をトレースする西国街道が郡家今城集落の北側で湾曲するのは郡家今城遺跡を迂回したため，もしくは条里施行の影響をうけたとされていた。調査が進んだ現在，山陽道は11世紀中頃までは一直線のルートであったことがわかってきた。また，条里の施行時期は8世紀後半ごろであり，山陽道はその影響を受けてはいない。むしろ，律令制の衰退とともに消滅した郡家今城集落の跡地が11世紀中頃以降，周辺の条里にそってあらたに水田が開発され，そのときに山陽道を北側へ移動したと考えられる。

註

1) 足利健亮「恭仁京の京極および和泉・近江の古道に関する若干の覚書」『社会科学論集』創刊号，1970
2) 林　亨「山陽道の検出」『大山崎町の発掘』大山崎町教育委員会，1991
3) 戸原和人「長岡京跡左京第35次（7 ANMSB 地区）調査概要」『長岡京市文化財調査報告書第14冊』長岡京市教育委員会・長岡京跡発掘調査研究所，1985
4) 森田克行「嶋上郡の方格地割に関する覚え書」『嶋上郡衙跡他関連遺跡発掘調査概要・12』高槻市教育委員会，1988
5) 足利健亮「第三節　摂津国」『古代日本の交通路Ⅰ』大明堂，1978

参考文献

a) 田代克巳「西国街道周辺の調査」『嶋上郡衙跡発掘調査概要』大阪府教育委員会，1971
b) 橋本久和「13. 嶋上郡衙跡」『昭和51・52年度　高槻市文化財年報』高槻市教育委員会，1978
c) 橋本久和「55-L・P 地区の調査」『嶋上郡衙跡発掘調査概要・2』高槻市教育委員会，1978
d) 森田克行「57-J 地区の調査」『嶋上郡衙跡発掘調査概要・2』高槻市教育委員会，1978
e) 宮崎康雄「山陽道跡の調査」『高槻市文化財年報　平成3年度』高槻市教育委員会，1993
f) 鐘ヶ江一朗「27-3. 郡家今城遺跡の調査(4)」『嶋上郡衙跡他関連遺跡 発掘調査概要（＝概要）・12』高槻市教育委員会，1988
g) 橋本久和「28. 郡家今城遺跡の調査(5)」『概要・12』高槻市教育委員会，1988
h) 橋本久和「35. 郡家今城遺跡の調査(9)」『概要・13』高槻市教育委員会，1989
i) 橋本久和「37. 郡家今城遺跡の調査(11)」『概要・13』高槻市教育委員会，1989
j) 宮崎康雄「郡家今城遺跡（89-2）の調査」『概要・14』高槻市教育委員会，1990

奈良県鴨神遺跡の道路遺構

県立橿原考古学研究所
近江俊秀
（おおみ・としひで）

鴨神遺跡には関所的な施設の存在が推定されるが，検出された
道路は5世紀後半に整備された大陸と大和を結ぶ幹線であった

周囲を山地に囲まれた奈良盆地に入るためには，必然的に幾つかの峠を越えねばならない。そのため，交通路の整備にあたっては，峠の開発・維持という難事業が不可欠であり，事実文献にも山地における道路開発の記事や峠越えに関する記事が散見される。また，文献には現われないものの，沿線の遺跡のあり方などから古くから開発されていたことが伺われる峠越えのルートもある。

今回，古墳時代の道路遺構が検出された鴨神遺跡は，奈良盆地の南の玄関口ともいえる風ノ森峠付近に位置し，1989年に実施された当遺跡の第1次調査の結果，この峠に7～8世紀の峠を管理する関所的な施設が存在した可能性が指摘されていた[1]。

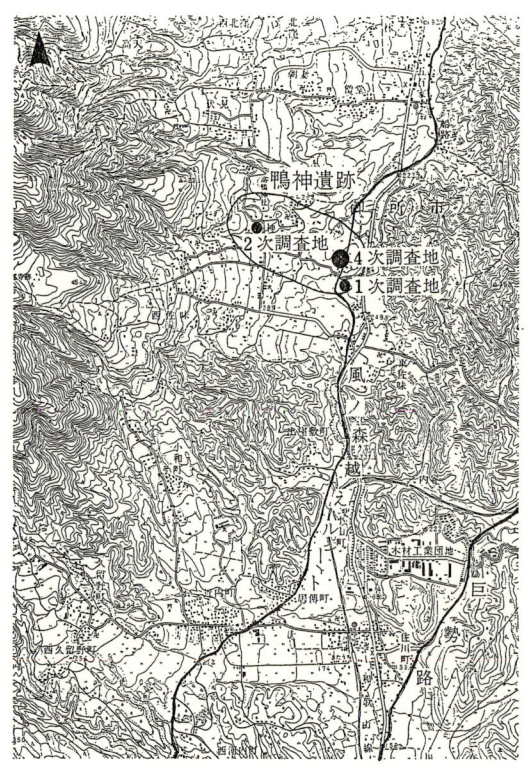

図1 鴨神遺跡と交通路（縮尺10万分の1）

1 古墳時代の葛城地域と交通路

奈良盆地の南西部に位置する金剛・葛城山麓は古墳時代の有力豪族である葛城氏の本拠地であった。葛城氏は雄略朝に滅亡するまでの間，紀ノ川河口を窓口とする朝鮮半島や中国との外交を担っていたといわれる。事実葛城の地には鍛冶などの技術を持った渡来人のムラの存在が知られ，また当地域に所在する古墳の中には渡来系の遺物を出土するものも多数確認されている。このように，紀ノ川を使った大陸との交流や，葛城地域と渡来人との結びつきは考古学の成果からも十分に証明されているわけであるが，それらの大陸から来た人々やものが，どのようなルートを採って奈良盆地へ運ばれたかについては，大きく2説がある。1つは，現在の五条市街を抜け，国道24号線に沿って北上し，重阪峠を越え巨勢谷，高取を通って飛鳥に入るルートである。このルートは『万葉集』にも詠まれた「巨勢路」であり，この道は，遅くとも飛鳥時代には整備され，大和と紀伊を結ぶ主要な街道として用いられていたことが伺われる。

もう一方は，五条市街の北側から荒坂峠，鴨神遺跡の所在する風ノ森峠を越え葛城に入るルートである。このルートについての文献はないが，沿線上の五条市側に，猫塚古墳，つじの山古墳などをはじめとする中期古墳が点在し，御所市側にも葛城地域最大の前方後円墳である宮山古墳や南郷遺跡，名柄遺跡などの当該期の集落や居館などがあり，性格はともかく古墳時代中期以前に葛城地域と宇智地域（現在の五条市）を結ぶルートが開発されていたことを示している。

後者の立場をとる代表的な研究に秋山日出雄の研究[2]がある。氏は巨勢路沿線の遺跡が水泥古墳に代表されるように古墳時代後期以降の遺跡によって占められているのに対し，風ノ森越えのルート沿線には，中期以前の遺跡が多いことや，『延喜式』神名帳記載の神社の分布，『日本書紀』の

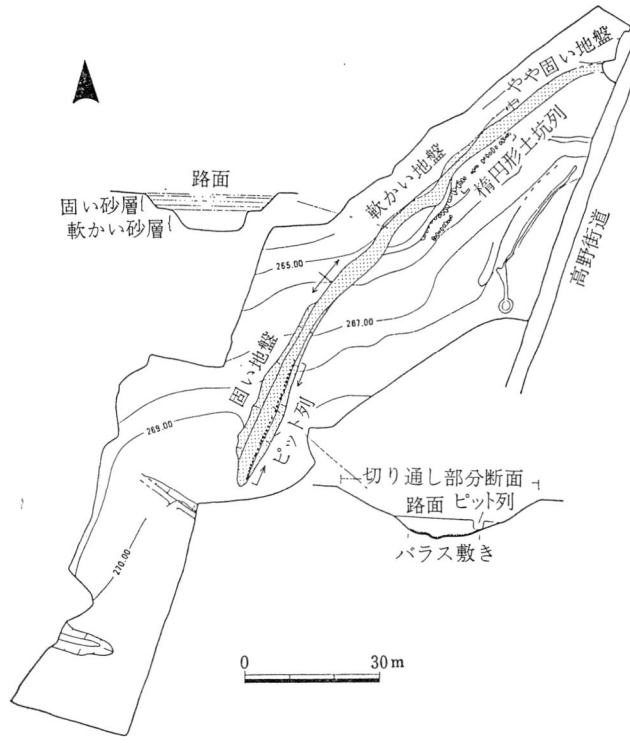

図2 鴨神遺跡略図

記載，さらに巨勢谷を本拠とする巨勢氏が台頭するのは葛城氏没落以後と考えられることを根拠に，葛城氏没落以前は紀伊―風ノ森峠―葛城―長谷朝倉宮といったルートが主要ルートで，葛城氏没落後に新たに巨勢路が開発されたと考えた。

　筆者も，この問題については秋山と同様の立場をとりたい。そして，今回検出した道路遺構は，古墳時代における大陸―紀伊―大和を結ぶ道路と評価しておきたい。

2　遺跡の概要

　鴨神遺跡は1988年度に区画整理事業が計画されたことにより発見されたもので，四度にわたる発掘調査を実施した。調査の結果，当遺跡の範囲は，西は高鴨神社周辺から東は地元で「高野街道」と称されている古道を挟み，風ノ森峠周辺に至るまでの広域に及ぶが，居住に適した土地が少なく，遺跡は異なった性格を有するいくつかの小単位に分かれることが明らかになった。峠頂上の南東で実施された第1次調査では，出土した多量の7～8世紀の土器の中に「堂」などの墨書のある土器や土馬，硯など官衙や豪族居館などで出土する遺物が数多く出土したことから，峠の周辺に峠を守る軍事的な施設もしくは，通行を管理する関

所的な施設の存在が想定された。また，高鴨神社の周辺で実施した第2次調査では，『続日本紀』に記載のある天平宝字八年の高鴨神の復祀に伴うと考えられる遺構・遺物が出土している。そして，高野街道に接する地点で実施した第4次調査で古墳時代の道路遺構を検出したのである[3]。

3　検出した道路遺構の概要

　道路遺構は調査区のほぼ中央から北端にかけて長さ約130mにわたって検出した。先にも述べたように調査区東側には，高野街道と呼ばれる古い街道が風ノ森の集落を縦断して走っているが，高野街道が風ノ森の丘陵の一部を切り崩し，あるいは盛土して直線的に作られているのに対し，今回検出した道路は，幅2.5～3.3mで丘陵の裾を回り込むように作られ，丘陵の斜面が急勾配となる部分で南にやや屈曲し，地山をU字状に掘り込む切り通しとなり峠の頂上へ向かう。また，道路の構造および道路を作るための基礎工事の方法は地形や地盤の状況により異なっていた。道路が走る部分の地盤は，花崗岩を含む非常に固い部分，そして本来谷であった部分に堆積した非常に軟弱な粘土上，さらに比較的しまった粘土の大きく3つに分けられる。以下，それぞれの地点毎に道路の構造について述べることとする。

(1)　花崗岩を含む非常に固い部分

　南端約55mの範囲，つまり切り通し部分がこれに相当する。切り通しは，最大幅約7m，深さ1.5mを測り，傾斜は8mで約1m北に下がる。道路廃絶直前の路面は黄褐色の粘質土で，路面東側の肩には直径約40cm，深さ10～15cmのピットが約70cm間隔で並んでいた。このピット列の性格は不明である。この路面を除去すると，直径1～5cmのバラス敷きが検出された。このバラス敷きは切り通し部分下半では流出したり，原位置を保っていないものがあったが，全体的にバラス面はそろっており，人為的に叩き締められた状況を呈していた。バラス敷きの幅は平均1.2m前後で，切り通し部南半約12.5mの範囲では，幅約40cm，深さ10cmの規模で溝状にバラスが貼り付けられている部分もあった。

(2) 軟弱な粘土

検出した道路遺構の中央約 40m の範囲がこれにあたる。この部分での道路の構築方法は，まず地山を溝状もしくは不整形に掘削し，その凹部および周辺に砂を盛り路面を作っている。これは，土中の水分を取り除くと同時に地下からの湧水により路面が直接影響を受けないための処置と考えられる。このような溝は，地山が脆弱な粘土から比較的安定した粘土へ移行するに従って浅くなり消滅している。

また，この部分では道路に伴うと考えられるいくつかの付属施設も検出された。それらの遺構の性格はその形状から道路を挟んで西と東にわかれる。道路西側の遺構には，不整形の土壙や溝，ピットがあり，いずれもその掘形は雑で一部路面と考えられる砂層に覆われていることから，路面以下の溝と同様，地盤改良のために掘削されたものと考えられる。それに対し東側の遺構には，規則的な配列を見せるものが多く，丸太を敷き並べた痕跡と考えられる長楕円形の土坑列[4] や，斜面からの土砂の流入を防ぐためのものと考えられる長さ 18m 前後の段状のカット面が 2 段検出された。

(3) 比較的しまった粘土

道路遺構の北端約 35m の範囲がこれに相当する。この部分では，まず地山を皿状に浅く掘削したのち，凹部に明灰色細砂を入れ路面を構築している。路面の幅は不規則であるが最大 3.3m を測る。路面以下では部分的ではあるがバラス敷きが認められた。このバラス敷きは，先述の切り通し部分と同様，1〜5cm の大きさで突き固められた状況を呈していた。しかし，切り通し部分のバラス面は平坦であったのに対し，この部分では地山面には著しい凹凸が認められ，バラスもその凹凸に沿って貼りつけられている。

4 道路の構造について

今回，検出された道路は地盤の状況に応じて，路面を維持するにあたってもっともふさわしい工法を用いて構築されていることが伺われた。このように，一本の道路で複数の構築法が認められた例は全国的に見ても他に例を見ないもので，今後道路の構築法を考える上でも貴重な資料であると言えよう。しかしもう一点，この道路の構造を考える上で重要な問題が残っている。それは，切り通し部分と道路北半で認められたバラス敷きである。道路にバラス敷きが伴う例は，全国でも数例確認されているが，今回のようにバラス面より上で路面が検出された例はなく，いずれもバラス敷き面が路面であるとの評価がなされている。今回の例もバラス面が砂層に先行する路面との評価もなりたつであろうが，先述のように，道路北半のバラス面は凹凸が著しく，とうてい路面とは考え難いことから，むしろ道路の地下構造と考えておきたい。

現在の道路では路面を維持するための処置として，基礎（路床）の強化を行なっている。これを直接，今回検出された道路にあてはめることはできないかも知れないが，バラスは路床の強化のために貼りつけられた可能性を想定しておきたい。

5 ま と め

近年，古代官道の発見例が相次いでおり，それに伴って道路に関する研究も進みつつある。しかし，古代以前の道路については調査例が少ないため，その構造をはじめほとんどが不明であった。よって，今回鴨神遺跡で発見された道路は，様々な点で重要な意味を持つと言えよう。

律令国家は，幅 12m で両側に側溝を持つ直線道路を付設し，中央と地方とを結ぶ交通網を確立した。それ以前の道は，直線的に作道するといった意識はなく，自然地形の規制を受けてはいたものの，道路を維持するためには，古代官道に負けないほどの処置を施していた。

今回，検出した道路は出土した遺物から遅くとも 5 世紀後半には整備され，6 世紀後半から 7 世紀の間に廃絶している。恐らく，ほぼ南北にはしる現在の高野街道に付け替えられたためであろう。その要因など，まだまだ考察すべき点はあるが，その点については別稿を用意したい。

註
1) 御所市教育委員会『鴨神遺跡』1990
2) 秋山日出雄「日本古代の道路と一歩の制」『橿原考古学研究所論集』1975
3) 橿原考古学研究所『鴨神遺跡』1993
4) このような土坑列に関する研究には以下のものがある。
   早川　泉「古代道路に残された圧痕」東京考古，9，1991
   飯田充晴「道路築造方法について」古代交通研究，2，1993

堺市発掘の難波大道と竹ノ内街道

堺市立埋蔵文化財センター 森村健一（もりむら・けんいち）

難波宮からまっすぐ南下し竹ノ内街道に達する難波大道は両側溝を
伴った幅18mの道で，きわめて政治的色彩の強い性格を有していた

1 「難波大道」の発掘

難波宮から朱雀大路を南下し長尾街道と交差し竹ノ内街道に達するこの道は，1980年，大和川・今池遺跡第7-1地区において検出された。検出された位置は，堺市と松原市の市境であり，13世紀代にこの地域に拡大された条理（摂津国依羅郷）の里界でもあり，摂津国と河内国との境界になる。道路は全長約 40m の道路両側溝を伴っている。道路は多少削平をうけているが，上層から耕作土，床土，褐色粘質土，暗褐色粘質土がベルト状に堆積し保存状態は良好である。道路は地山（黄褐色粘質土 2.5 Y 5/3）の凹凸を灰黄褐色シルト層（10 Y R 5/2）で整地している。検出された道路上面は O.P＝9.80m を計る。

道路幅（溝の内肩幅）は約18m，両側溝幅は0.7〜1.5m，深さ 0.05〜0.2m とばらつきがある。雨水の排水としては十分と考えられる。洪積段丘中位の自然低下によって北に向かって流水している。出土遺物としては，東側溝南端の灰黄褐色粘質土中より須恵器坏身（陶邑・中村編年Ⅲ型式2段階）を検出した。その後の調査によって 第1地区の SD 06，07，08，第6地区の SD 01，03 が道路側溝と認識され，その検出長は170m に達した。

難波大道についての文献・歴史地理の面からのアプローチとしては，竹山真次，足利健亮，岸俊男，藤岡謙二郎，梶山彦太郎，沢村仁，秋山日出雄，由井喜多郎，桑原公徳，出水睦巳氏らによる業績が知られる。

それらの業績と『日本書紀』にみられる，仁徳14年，推古21年11月，孝徳・白雉4年の条と考古学的な成果は，その存在が歴史的事実として評価される。なお，蛇足にはなるが，この検出地点と難波宮大極殿跡を一直線に結ぶ線上には，現在の大阪市の道路と合致する地点が多く，「大道4・5丁目」という地名をも残す。また検出した道路より西100m の地点には，推古天皇15年条に見られる低湿地を利用した「依羅池（よさみいけ）」が試掘調査と小字調査によって確認されている。この池は，正に平安京に対する小椋池（おぐらいけ）であり，難波宮の南方，すなわち四神相応の「朱雀」にあたる位置に「依羅池」を難波大道とともに計画的に配置していた可能性がある。

2 「竹ノ内街道」の発掘

1991年から発掘調査中の長曽根遺跡では，旧「竹ノ内街道」と推定される遺構を検出した。長曽根遺跡の南域を東西に竹ノ内街道が走る。しかしこの付近で南側に湾曲したルートを現在は取っている。ところがこの竹ノ内街道は，古代道路の側溝などが検出されなかった。そればかりか，1993年第 C-3 地区では，現竹ノ内街道の下をもぐるように13世紀の瓦器を含む溝（幅 1.2m，深さ0.4m）と同時期の包含層がもぐりこむことが確認された。この地点で湾曲せず一直線に海に向かうルートは，竹ノ内街道の存続時期には開析谷（現，森ヶ池）に入り込み道路設定としては考え難い。むしろ，別のルートを考慮する必要がある。現在の竹ノ内街道のルートは，堺環濠都市遺跡が都市として確立させる要素として「都市への街道の取り入れ」によるルート変更と考えられ，その時期は，15世紀後半代としたい（竹ノ内街道ルート③）。

ところが，1991年第19地区 SD 04，第20地区 SD 12 において道路の両側溝（N-10°-W）を検出した。両側溝は，幅 1.0〜1.2m，深さ 0.1〜0.3m であり，溝内から6世紀後半代・7世紀後半代の遺物と中世遺構の埋土を検出した。また，南側溝は，5カ所のトレンチ調査によって延長120m を確認した。なお，道路幅 17m を計測したこの竹ノ内街道のルート①は，下野池（しもついけ），更池，今池となった開析谷と森ヶ池，日高沢池の開析谷との間を通る微高地で，大阪湾にそって形成された堺砂堆の後背低地にあたる推定「浅香の浦」（住吉得名津）に達する。最適の立地であると同時に，遠里小野遺跡に到着する。

このエリアで検出された6世紀後半代，7世紀

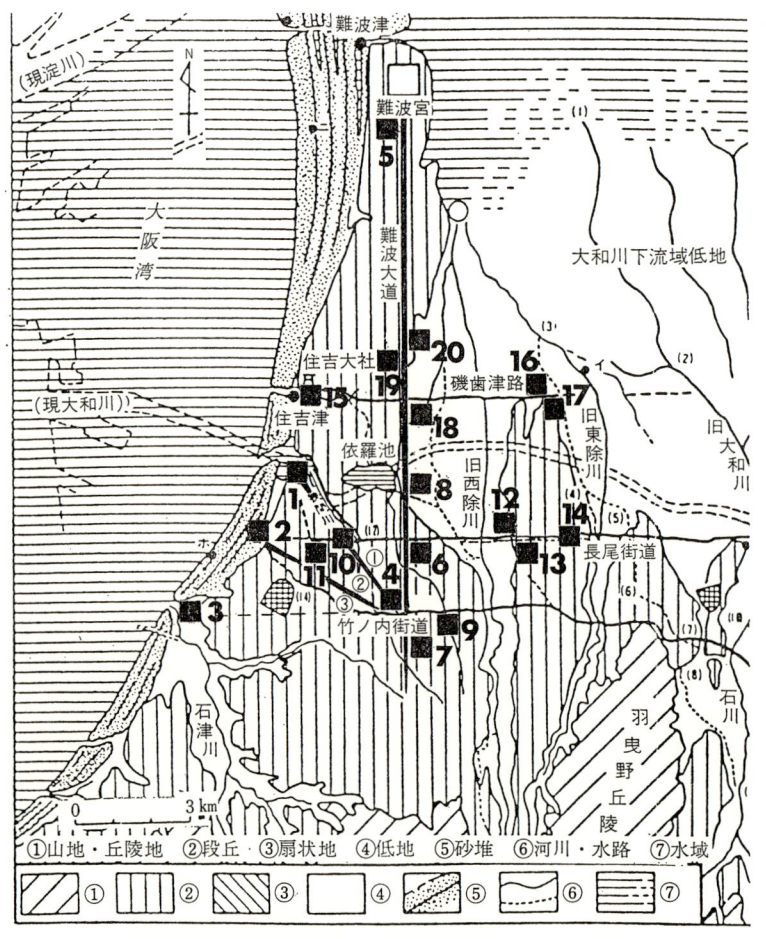

難波大道・竹ノ内街道（①→②→③，古→新ルート）と遺跡
大阪府教育委員会『長尾街道・竹内街道』1988に森村が追加。

①山地・丘陵地　②段丘　③扇状地　④低地　⑤砂堆　⑥河川・水路　⑦水域

3　古道と遺跡

a．ルート設定

政治的かつ人，物の流通としての街道が宮と結合する計画的な道路であっても地形を無視して設定されたとは考えられない。ルート設定の条件は，その延長上には港湾設備が存在すること，最大限に上町台地上に広がる微高地の稜線上に主眼していることは，「土地条件図」・「明治17年」旧地形や1981年1月の大和川・今池遺跡から難波宮まで"歩く"ことによって実証された。その証拠としては，上町台地の北最端部に建設された難波宮や難波大道上に西寺域が乗る摂津国分寺が周知されている。

b．古道ルート上の遺跡位置と遺構

古道ルートには，偶然の一致とは考え難い位置に，6世紀後半〜8世紀代に至る大形柱穴を有する大型掘立柱建物群を検出する遺跡が点在する。

後半代，8世紀後半の大型掘立柱建物群は，南北主軸で前述の推定・竹ノ内街道と同一方向を成すことが興味深い事実である。建物方向は，当然，道路に規制されて同一方向に築造されている。また1993年第 A-4 地区で検出された SF 01，西溝（幅 8.0m，深さ 2.1m）は，推定・竹ノ内街道の主軸と合致し，その存続時期は，6世紀後半代〜7世紀前半に限定される。その溝は，道路より西へ70m 平行移動した地点である。建物や道路の方向は，現存する田畑の畦方向とも合致する。この長曽根遺跡の条理方向は，長尾街道，竹ノ内街道を基準とした住吉郡依羅郷・八上郡八下郷とは別方向を示す。このエリアは，八下郷条理に組み込む以前に，すでに推定・竹ノ内街道を基準ルート①によって土地整理が確立されていたためと考えられる。

「難波大道」　大阪市天王寺区清水谷町遺跡（6世紀末〜7世紀中，図−5），桑津遺跡（図−19），山坂遺跡（図−20），矢田部遺跡（図−18），堺市南北花田遺跡（長尾街道との交点）（図−6），金岡遺跡（図−7），大和川・今池遺跡（第89−2地区）（図−8）

「竹ノ内街道」（丹比道）　堺市翁橋遺跡（図−2），五月町遺跡，石津東遺跡（図−3），石原町遺跡（図−9），長曽根遺跡（難波大道と竹ノ内街道の交差点）（図−4），遠里小野遺跡（図−1）

「長尾街道」（大津道）　堺市長尾遺跡（図−11），今池遺跡（図−10），松原市一津屋554−8−大津道周辺遺跡−（図−14）では，奈良時代後期の大津道の北側溝（幅 1.0〜1.5m，深さ 0.5m）を検出し道路幅 25m と復元されている。丹比柴離宮（図−13）（阿保・上田・柴垣町），南新町遺跡（7世紀後半と奈良時代），上田町遺跡（奈良時代）（図−12）

「八尾街道」（磯歯津路）　南住吉遺跡（5時期の建て替え）（15棟，6世紀末〜8世紀初）（図−15），喜連

東遺跡（19棟，7世紀前半代）（図―16），長原遺跡（図―17）

今，標題にした「古道と遺跡」の関係については，堺市における「8世紀の古道と集落」について内本勝彦氏が1989年「翁橋遺跡発掘調査報告―第7地区―』（堺市文化財調査報告第42集）においてすでに注目した先駆的な論文である。幹線道が整備されることにより「都と地域」を結びつけ律令制度の最盛期を迎える基盤を形成したと主張している。以上の例証から判断して確かに古道と大型掘立柱建物を有する遺跡は，古道ルート上に存在することは明白である。各々の政権時の政治的安定を計るには，中央と「地方との人，物の流通」，さらには新規の「地域開発による経済的基盤」が不可欠である。その意味では，古道，ルート上の遺跡の存在は納得出来るものがある。大型掘立柱建物群は，地域開発の拠点と政治的色彩の強い性格を持つものである。

c．遺跡の年代性

古道のルート上に点在する遺跡は，不思議と連綿と継続しない。すなわち，それらの遺跡は，古墳時代以降のち在地豪族による開発に伴い成立した自然発生的発展の遺跡でなく，その存続期には，①6世紀後半代，②7世紀中葉，③7世紀後半代，④8世紀前半，⑤8世紀後半代の5時期に限定される。その存続時期は，20～40年間と短期間である。長曽根遺跡の場合は，最もそれが顕著で前者の①③⑤の3時期が存在する。それは，浅香の浦（港湾）と竹ノ内・難波大道の交差点という立地であるからであろう。その5時期の短時期に限定された遺跡の存続期・年代性は，飛鳥，奈良，難波宮の成立期と符号している。その意味では古道ルート上の遺跡は，極めて中央政権と密接な関係を有する「政治的な建物群」と推測される。

4 まとめ

a．政治的道路

近年多大でかつ広範囲の発掘調査によって，単なる溝が古道の側溝と認識されることによって生じる歴史的展開は，大きく変化する。長曽根遺跡の場合はその典型であり，難波大道と竹ノ内街道の交点に所在する遺跡として極めて重要である。そのことは，前回の大阪府教育委員会の発掘調査による35棟の大型掘立柱建物（奈良時代）・円面硯・「中津家」墨書土器・第74地区 SD 08 出土の棒計

り銅製錘が自ずと他の古道ルート上の遺跡も含め，中央政権といかに直結したかを物語っている。

その意味では，古道と古道ルート上の遺跡は中央政権の政治的色彩が強い。

b．流 通

流通の面から考えてみると，古道が「人と物資」，「情報」のパイプであり「港湾」と「大消費地（大生産地）」すなわち「宮，京，有力氏族居住地」と直接的に結び付いているのが古道である。これらが，当時の中央政権を成立せしめる大要素である。政治，経済，軍事を地方に充実させるパイプでもあった。すなわち，難波大道と難波津，桑津，磯歯津路と住吉津，竹ノ内街道，長尾街道と住吉得名津であると考えられる港湾，道路，道路ルート上の遺跡の消長は連動しており，またユニットで流通システムを確立していたと考えられる。それらの消長は，当時の中央政権の消長とも連動していることに気付かずにはおれない。

本文作成にあたっては，足利健亮，積山洋，芝田和也，岡本武司，内本勝彦，野田芳正，嶋谷和彦，出水睦巳，十河良和各氏から多大なる御教示を得た。

参考文献

1) 金田章裕『古代日本の景観―方格プランの生態と認識』1993
2) 福島雅蔵「近世『竹内街道』私考」日本歴史，1993年9月号
3) 積山 洋『南住吉遺跡で発見された7世紀の建物群について』葦火，2，1986
4) 森村健一・十河良和『堺市文化財調査概要報告』第39冊「長曽根遺跡」1993
5) 足利健亮『日本古代地理研究』1985
6) 森村健一『大和川・今池遺跡Ⅲ発掘調査報告書』1981
7) 大阪府教育委員会『長尾街道・竹内街道』歴史の道調査報告書第3集，1988
8) 岩瀬 透『大和川今池遺跡発掘調査整理概要・Ⅶ―松原市天美西所在―』大阪府教育委員会，1990
9) 堺市役所『堺市史続編付図 第6巻』1976
10) 『松原市遺跡発掘調査概要』昭和61年度『同上』昭和63年度，松原市教育委員会

佐賀平野発掘の古代官道

佐賀県教育委員会
徳富則久
（とくとみ・のりひさ）

佐賀平野では吉野ケ里遺跡などを含む約 17 km の直線道が確認され，
幅 8〜10 m のこの道は想定「延喜式」期官道路線上にあたっている

　佐賀県教育委員会は，近年の圃場整備をはじめとする大規模開発などにより失われつつある古代官道の保存のため，1990年度より確認調査を実施している。また各種開発に伴う調査により官道推定線上でいくつかの道路遺構を検出しており，本稿ではこうした事例を中心に報告を行ないたい。なおこのテーマは七田忠昭により1988年に論じられており[1]，今回の報告はこれと重複する部分もあることをお断わりしておく。

1 肥前国の古代官道

　まず，佐賀平野における古代官道について概観したい。『肥前国風土記』によると，肥前国には駅18カ所があり，小路である。『和名抄』『延喜式』では15駅となる。このうち佐賀平野に所在する経路には，『風土記』編纂時に三根・神埼郡に各1駅，平安時代には神埼郡の1駅がなく基肄駅（基山町）から切山駅，佐嘉駅を経て高来駅（多久市）に至る。

　この経路の具体的な路線推定については，主に基肄駅以東については1930年代の久保山善映の研究があり[2]，それ以西は一般に脊振山麓に沿って走っていたと理解されていたようである（「山脚道説」[3]）。これに対し松尾禎作は，奈良期の駅路と延喜期の道を分け，神埼町の駅ケ里という地名に着目し[4]，奈良期には鳥栖市田代本町から北茂安町千栗を経て，三根郡家である中津隈から神埼郡駅家の駅ケ里に至り，神埼町尾崎，佐賀市千布から肥前国府に至る経路を推定し，「延喜式時代」には山脚道説がとる経路に移ったと考えている[5]。久保山らがいう上峰町切通や中原町東寒水にあてる説も一般的で，1968年に刊行された『佐賀県史』（米倉二郎「古代」）は，ここから三田川町米達原の南を経由して駅ケ里に至る経路を想定している。ただしこの切通という地名は近世の開削に因むものだという指摘がある[6]。

　こうした中で中央学界では古代道の研究が進み，足利健亮は京域に見られる直線的路線が地方

でも行なわれていた可能性を指摘し，1972年藤岡謙二郎らは全国的な古代交通路の調査を実施したが，この中で肥前国を担当した木下良[7]は，これに先立ち肥前国府以東の古代道について，空中写真に認められる地割から切通から国府までの直線的な道路を想定し，この路線上に幅約 10〜15 m 前後の切通し・窪地が存在することを指摘した[8]。この中で国分寺東方の「延喜」という地名が残る所から南に下る道路状地割の存在も示唆した。

　日野尚志は，上記木下が比定した路線を『延喜式』時代の駅路とし，北茂安町白石集落付近から南に下り，同町板部・中原町東寒水付近の直線的な町境を経由して駅ケ里に至り，さらに西して徐々に北上し国分寺・尼寺から国府に至るルートを奈良時代の駅路と考えた。併せて中原町以東，および国府以西のルートの想定も行なった[9]。木下もこの考えを支持し，嘉瀬川以西で明確な地割が見出せないのは大宰府と国府の区間がとくに整備されたためだと考えた[10]。こうした両者の研究によって，佐賀平野における歴史地理学的方法による想定駅路がほぼ確立した。

2 発掘調査にみる古代官道

　考古学的手法による駅路の検出が始めてできたのは，1985年神埼工区圃場整備に先立つ確認調査においてであった。その後吉野ケ里遺跡など緊急開発に伴う発掘調査や古代官道検出を目的とした確認調査によって数地点で「道」の存在が明らかにされつつある。

　道の存在が確認できたのはすべて想定「延喜式」期官道路線上で，南へ分岐した想定奈良期の駅路上での検出例はない。

　以下，切通から国府に至る直線道での調査で得られた知見について周辺の状況も含め報告する（一々注記しないが，想定線上の地割に関する事実については，木下らの論考や現地でのご教授によった）。

　①上峰町　切通以東は，旧長崎街道が踏襲していると考えられており，その遺構は現道として中

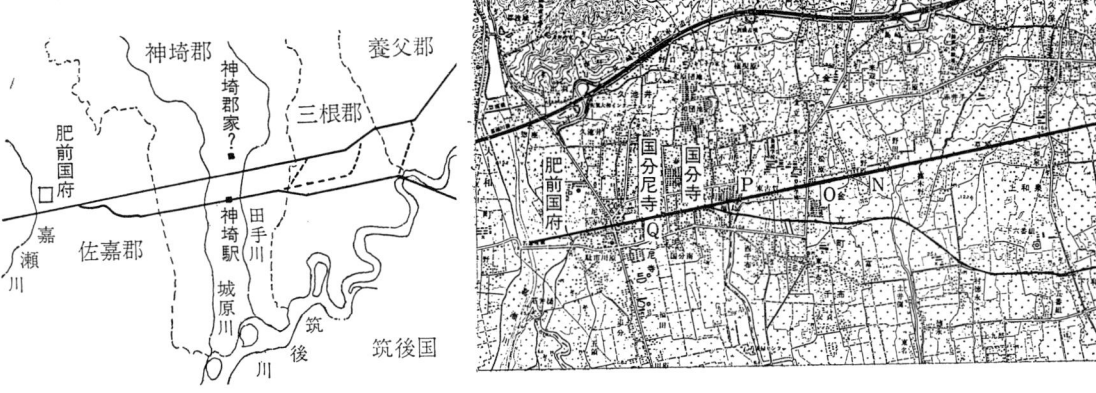

佐賀平野の古代官道

原町内に存在する。切通地名の起りとなったと思われる長崎街道，現国道34号線が二塚山丘陵を切通している部分Aにすぐ北に接してかつて帯状の凹地が存在したが，土取などによりすべて壊滅してしまった。

切通しの北々西約 1km の地点に堤土塁が存在する。この土塁の西側地区で1978年に調査が行なわれ[11]，版築の存在およびこの土塁の築造が7世紀以降という所見を得たが，1989年のその東側の高まりの試掘調査で，この部分にも版築層を確認し，両者が二塚山・船石両丘陵間の谷部を東西に塞ぐ形で築造されていることが判明した[12]。この"水城"状の構築物に対し従来言われていた「大宰府防衛」以上の直接的な築造目的を考える必要があるのではないか。なおこの土塁の東側丘陵上の八藤遺跡では奈良期の掘立柱建物群とこの土塁から東へ丘陵を横切って幅 6m の官道とほぼ並行する両側溝をもつ道路状遺構が見つかってお

り[13]，この道は中原町まで続く可能性がある[14]。

②三田川町・東脊振村　B—E間が両町村境と重なっており，Cには約 200m にわたって幅約 10m の切通しが存在する。服部英雄はこの部分に道路であったことを示す小字が存在することを指摘している[15]。東半部にもかつて切通し状窪地が存在したらしい[8]。

Dの水田部については，1987年に試掘調査，1988年に路線上において本調査が実施されたが，道路遺構は検出していない[16]。

③神埼町　Eの地区一帯は現在特別史跡として整備されつつある吉野ヶ里遺跡が広がっている。この丘陵上には「深道」とよばれる比高約 5m，幅約 8m の約 80m にわたる切通しが存在した。工業団地造成に伴う調査[17]では，最終的に保存が決まったため北側斜面のみの調査しか行なっていないが，この切通しの西側水田部では，両側溝をもつ道路跡が見つかっている。最も残存状況が良

好な部分の溝の規模は，北側溝が幅約 6m，深さ約 0.7m，南側溝は幅約 3m，深さ 0.3m で北側溝の規模の方が大きい。道路心々幅はこの部分で約 9m であるが，16m の幅をもつ部分もありやや蛇行している。側溝内から出土した遺物は 6 世紀から 8 世紀前半のものである。この吉野ケ里丘陵周辺からは，奈良・平安時代の掘立柱建物群や井戸・土壙などが多数見つかっているが，駅路北側では奈良期のものが主体を占め，井戸などから出土する遺物には木簡や墨書・篦書土器，硯など見るべき遺物も多い。

西側水田部では圃場整備に伴い中園遺跡などが調査されたが[18]，ここでも奈良時代の大型の掘立柱建物や区画溝が発見され，「厨鉢」などの篦書土器，墨書土器，円面硯や青銅製帯金具などが出土，官衙遺構の存在が考えられることから現在神埼町が確認調査を行なっている[19]。F 地点の調査では，北側溝幅 0.7m，南側溝幅 4～5m，幅約 7m の道路敷が確認された。路面は地山を削り出し，砂利混りの堅くしまった路面を形成している。狭い範囲の調査であるがやや蛇行する状況を示している。側溝からの遺物の出土はないが周辺の状況から奈良時代のものと推定されている。

馬郡北側Gにも比高約 1m，幅 9～15m の切通しが見られ「糸林」と呼ばれているが，1985年に確認調査を行ない始めて道路敷の存在を確認した[20]。切通し部分では南側溝は確認できなかったが，北側溝は幅 1.2～3m，切通し西側では両側溝を確認し，この地点での路面幅は 6.4m，心々幅約 8m である。道中央で小円礫を含むしまった土層を検出した。側溝からは土師器小片が出土したのみである。なお当地点とFの中間で溝と落ち込みに狭まれた幅 1.6m の部分を確認したが，道路南側の施設かも知れない。

Hの水田部では1987年に鶴前田遺跡の調査が行なわれた[21]。両側溝をもつ地区と南側が落込みになる地区があるが，落込みになる部分では道路端に沿って柵が設けられている。側溝幅は 2～2.5m，道路幅は 10～15m で，北から南に水を流すための施設と思われる部分も 1 ヵ所見つかっている。側溝から出土した遺物は中～近世のものであるが，この地区が古代以降の段丘下面にあたることを考慮すると，古代駅路の位置に氾濫原が形成されてのち道として踏襲したものである可能性もある。

さらに西，鶴籠遺跡Iでは，約 1m の両側溝をもつ心々幅 12～13m の道跡（時期不明）が，八子六本黒木遺跡Jで北側溝と思われる溝（中世の遺物を含む）が確認された。

祇園原地区Kには幅 10m 前後の切通しが数地点に見られる。しかし1991年に約 300m を対象に確認調査を行なったが，不明瞭な溝を検出したほかは，明瞭な道路遺構は確認していない。これは後世の削平によるものと思われる。しかしその東の野畠遺跡の調査では路面の可能性があるしまった土層が確認できた。またこの切通しの南側一帯では奈良～平安時代の掘立柱建物群や長沙窯系水注など特筆すべき遺物が出土しており，その詳細は整理報告に待ちたいが，官道に直交する線よりやや西に傾いた奈良時代のものと思われる幅約 4m の道路，門状の溝の途切れなどを確認している。

佐賀市境の迎田遺跡Lにも林の中に低い道路状地割が見られ，数地点で調査を行なったが，幅 8～10m の砂層の硬化面や中世の堆積土下で側溝と思われる溝を確認している[22]。

④佐賀市　東部の東高田遺跡Mの1990年の調査で路線上に路幅 8.5m，心々で約 10.5m になる両側溝を確認した。北側溝と道の間に低い土塁状のものが形成され，これを外部からの水の侵入を防ぐ施設とし，南水路を排水溝と推定している[23]。

金立地区では野田・大野原間のNを1992年に，大野原・松原間Oを1993年に試掘した結果，前者で路幅約 10m，心々幅 13m の両側溝をもつ道跡を確認した。路面は数種の砂質土を重ね合わせて形成する。後者は残存状況は不良であったが側溝とも考えられる溝数条を確認でき，これを側溝とすれば心々幅約 9m である。路面は確認できなかった。この地区では1991年の圃場整備に伴う調査でも路幅 6.5m，心々で約 8m になる両側溝を確認しており，奈良時代の遺物が出土している[24]。

⑤大和町　大字久池井の延喜の西側 P に幅約 13m の道路状地割が残存していたが，試掘を行なった結果道路敷跡が地割を越え北にずれて確認できた。側溝は確認できなかったが，地山を検出面から約 0.7m 掘り窪め，数種の砂質土などを交互に入れ形成したものである。

大字尼寺の国分寺と尼寺の間Qには幅約 15m，比高約 1m の切通しが見られる。調査は約 100m について行なったが，南側斜面に沿って異なった時期の側溝 2 本が確認できた。北側は近年まで存

在した水路敷のため北側溝の検出ができず路幅は不明だが，旧道路および側溝を廃絶し南側切通しを広くして側溝を設けるという拡張工事を行なっていることが注目できる。

3 調査結果の整理と問題点

以上，これまでの調査結果を羅列したが，紙数の関係で概要を述べるにとどまった。現在古道確認調査も継続中であるが，現段階で得られた知見の範囲内で整理を行ないたい。

肥前国府南側から上峰町切通まで地割上で確認できる直線道は約 17km に及ぶ。この線上に道路があったことは明らかになった。しかし部分的に見ると吉野ヶ里や中園遺跡に見るように側溝がやや蛇行している。路幅は心々で8～16mの幅があり，木下が述べるように[25]，最大幅をとると小路と思えない規模となるが現段階では平均を 8～10m 程度と考えておく。また吉野ヶ里の切通しでは側溝がないものと考えられるが，馬郡や大和町では切通し部分にも側溝をもち，側溝の有無は地形に左右されるが，両側溝を作る原則はあったものと考える。路面は地山を整形後小円礫・砂利などを砂などにまぜて敷いたか締め固めたものであろう。直線道とするためその妨げとなる丘陵などは切通しとするが，国分寺付近では通行の支障になると考えられない緩い丘陵をも切通し周辺より低くしていることは別の要因を考える必要があるのではなかろうか。

さて時期的な問題であるが，奈良時代に比定できる吉野ヶ里周辺・篠木野遺跡の道路があるが，平安時代に比定できる資料は得られず，周辺に存在する遺跡では吉野ヶ里，馬郡・竹原（たかはら）地区の奈良時代官衙遺構が注目される。祇園原地区の平安時代遺構・遺物は現在未整理で評価が難しい。

七田は『風土記』編纂時の駅路を今回述べた路線に当て，奈良時代終末以降2里南の駅ケ里を通る路線に移されそこに駅家が設けられたが，『延喜式』時代までには国府移転などに伴い駅家が廃止されたと考える[1]。ここに詳述する余裕はないが南道周辺の平安時代の遺跡には注目すべきものが多い。

佐賀平野におけるこれらの知見は地方小路の一事例に過ぎないが，長距離にわたる調査結果は，時期的変遷の問題提起と併せて古代駅路の研究に益することがあればと願う。今後南路やこの地区以外の駅路の調査および最大の課題である古代道の保存など残された課題も多い。

註
1) 七田「肥前神埼郡における駅路と周辺の官衙的建物群の調査」条里制研究，4，1988
2) 久保山「城の山道を中心として―古代北九州の交通」肥前史談，4―2～7，1931，「王朝時代の駅路と基肄駅」『佐賀県史蹟名勝記念物調査報告』第4輯，1934，「王朝時代西海道の一駅路に就て―大宰府を中心としたる」肥前史談，8―4～7，1935
3) 松尾「肥前風土記に現はれた東肥前の軍備」『校本肥前風土記の研究』1951，p.154ほか
4) 松尾『肥前風土記の研究』1931
5) 松尾「肥前駅路私考」郷土研究，6，1955，註3)文献
6) 七田の1988年3月条里制研究会における発表
7) 木下「肥前国」『古代日本の交通路Ⅳ』1979
8) 木下「空中写真に認められる想定駅路」びぞん，64，1976
9) 日野「駅路考―西海道・南海道の場合」九州文化史研究所紀要，24，1979，「肥前国の郡家について」佐賀大学教育学部研究論文集，34，1986ほか
10) 木下「西海道の古代官道について」『大宰府古文化論叢』上巻，1983
11) 杠 一義ほか『堤土塁跡』上峰村教育委員会，1978
12) 『佐賀県農業基盤整備事業に係る文化財調査報告書』10，1992
13) 原田大介「八藤遺跡」『佐賀県農業基盤整備事業に係る文化財調査報告書』10，1992
14) 中原町太田睦の教示による。
15) 服部英雄「条里制研究法の再検討―肥前国神埼郡の条里『計画』村落をめぐって」日本歴史，500，1990，p.166
16) 『佐賀県農業基盤整備事業に係る文化財調査報告書』7，1989，久保伸洋「大曲二ノ坪遺跡・大曲鶴ノ森遺跡」『同8』1990
17) 桑原幸則『環濠集落吉野ヶ里遺跡概報』佐賀県教育委員会，1970，註1)文献ほか
18) 緒方祐次郎・八尋 実『的小淵遺跡12区・中園遺跡』神埼町教育委員会，1987
19) 八尋『馬郡・竹原遺跡群』神埼町教育委員会，1990
20) 『佐賀県農業基盤整備事業に係る文化財調査報告書』5，1987
21) 緒方「鶴前田遺跡」『同上書』7，1989
22) 八尋「迎田遺跡Ⅲ・Ⅳ区」註13)文献
23) 西田巖編『原ノ町遺跡・東高田遺跡・櫟木遺跡・北宿遺跡・南宿遺跡』佐賀市教育委員会，1992
24) 西田『大野原遺跡』佐賀市教育委員会，1993
25) 木下「日本古代道の道幅と構造―発掘の成果から」『日本古代律令期に敷設された直線的計画道の復原的研究』1990

地方拠点の施設と道路

多賀城，斎宮跡，大宰府など地方拠点の施設とそこへ向かう道路はどんな状況で発見され，どういう特色をもっているだろうか

多賀城周辺の道路遺構／斎宮跡の
古代道路／大宰府周辺の道路遺構

多賀城周辺の道路遺構————

多賀城市埋蔵文化財
調査センター
■ **千葉孝弥**
（ちば・たかみ）

多賀城の南面には9〜10世紀の，東西・南北にのびる直線道路が
配置されており，方格地割りの内側には都市空間が広がっていた

多賀城は奈良・平安時代に陸奥国府が置かれたところであり，奈良時代には鎮守府も併せ置かれるなど，東北地方の政治・文化の中心であった。1960年から始まった調査によって，政庁の変遷や他の官衙ブロックの様子，外郭線の構造が次々と解明され，全体像が次第に明らかになってきている。

一方，多賀城周辺については多賀城市教育委員会（1987年以降埋蔵文化財調査センター）が1979年以降ほぼ継続的に調査を実施しており，幅 12m の大規模な東西道路や多賀城をとりまく遺跡の広がりについて多くの成果を挙げている。また，1980年には多賀城跡調査研究所が外郭南辺築地の外側において調査を行ない（第37次），大きな建物跡や井戸跡とともに運河状の大溝跡やバラス敷の道路跡を発見して城外に街並みが存在した可能性を指摘した。ただこの段階では城外の他の遺跡で道路跡などの発見例が少なく，「街並み」をより具体的にイメージさせるまでには至らなかった。

ところが近年，多賀城跡の西側に幅20数 m の自動車専用道路が建設されることになり，それに係る大規模な発掘調査が1988年から開始された。また，この道路建設に関連して多賀城跡の南面を東西に都市計画道路が走ることになり，1992年か

ら調査に着手している。このような調査の結果，規則的に配置された東西・南北道路が次々と姿を現わし，多賀城の南面一帯にはそれらによって方格地割りが形成されていたことが判明した。

1 多賀城周辺の地形

多賀城跡は，仙台市の中心部から北東へ約 10 km，多賀城市の中央部北寄りに所在する。多賀城市の地形は，東半部が低丘陵，西半部が沖積地と東西に大きく二分されている。地理的にみると，東半部の丘陵は塩釜丘陵と呼ばれる標高80m 未満の緩やかな丘陵で，大小の谷が複雑に入り組んだ地形である。一方，西半部の沖積地は仙台平野の中の宮城野平野と呼ばれているものである。海岸線に平行して分布する浜堤や自然堤防，旧河道，後背湿地などがみられる。

多賀城跡は塩釜丘陵西端部の緩やかな南斜面に位置し，地形的には沖積地を取り込んで立地している。この多賀城跡の南面西部，すなわち，仙台市岩切から多賀城市山王にかけての一帯は海抜5〜6m の微高地となっている。この微高地はかつて新田遺跡の南側を東流していたという旧七北田川の沖積作用によって形成されたと考えられているものである。この微高地の北側と南側はいず

れも後背湿地となっており，南側では小さな微高地がいくつか認められるが，北側では利府町との境界に至る広い範囲一帯が湿地となっている。また，多賀城の南面や西側を流れる砂押川沿岸は地形図の上では低湿地となっているが，発掘調査の結果，微高地の存在が判明した地点も多く，両者が入り組んだ複雑な地形であったと考えられる。

これらの微高地には，古墳時代から近世にかけての複合遺跡が隣接して立地しており，西側から新田・山王・市川橋遺跡と称している。奈良・平安時代については，多賀城をとりまく一連の遺跡である。

2　道路跡の概要

新田・山王・市川橋遺跡の各地点から南北道路9条，東西道路8条を発見している。これらの年代については，10世紀前半に降下したとされている灰白色火山灰との関係からおおよそ9，10世紀代の遺構と考えている。以下，それらの概要について主な調査地点ごとに説明する。

（1）　市川橋遺跡館前地区（Ａ地点）

多賀城外郭南門から南へ約 0.3km の地点である。ここでは南門から南に向かって一直線にのびる南北大路と約133m 西に位置する南北道路（西1道路）また，これらに直交する東西道路（北2道路）を発見した。南北大路は政庁中軸線上にあり，それと同じ方位をとっている。両側には素掘りの側溝がある。側溝の規模は最も新しい段階のものでみると西側溝が上幅 2.2m，深さ 0.3m，東側溝が上幅 1.9m，深さ 0.6m である。西側溝には幅 2.5m 以上，深さ 1.1m のものもある。両側溝とも 8時期の重複があり，西側溝の3番目に新しい時期の埋土に灰白色火山灰のブロックが入っている。路幅は，側溝心々距離でみるとはじめ約 17m であり，その後約 23m に整備拡大されている。城外で最大規模のこの道路は都城の朱雀大路に倣ったものと見られる。北2道路はこの南北大路の東側と西側では東側の方を道路幅一つ分南側へずらして建設されている。

（2）　山王遺跡東町浦地区（Ｂ地点）

多賀城外郭南西隅から西へ約 0.8km の地点である。東西大路とそれと交差する南北道路（西9道路）を発見した。前者の路幅は側溝心々で13〜14.5m，後者は 4.5m である。東西大路は南北大路に次ぐ規模であり，内陸方面から多賀城に至る主要道路と見られる。東西大路は方向が東で8度37分南へ偏しており，多賀城外郭南辺築地の方向とほぼ一致している。南辺築地からこの道路までの距離は約 540m である。側溝は北側，南側とも 4時期の重複があり，2番目あるいは3番目に古い側溝埋土に灰白色火山灰が自然堆積している。西9道路は 24m 検出したのみであり，東西大路との取り付き部が湾曲しているため，方向は不明である。側溝は東西とも 4時期の重複がある。これらの道路の周辺からは，それと方向を同じくする建物や井戸などを発見しているが，八幡地区などに比べると数はかなり少ない。西9道路の西側約 115m の東西大路に面した土壙から一括投棄された土器約 200 個を発見した。その多くに灯明皿として使用された痕跡がみられることから万燈会のような宗教儀式を行なったと見られる。また，西9道路の西側約 135m の地点では東西大路の北側溝に架けられた橋を発見している。

（3）　山王遺跡八幡地区，山王一区（Ｃ地点）

多賀城外郭南西隅から南へ約 0.3km の地点である。東西道路4条（北1，2，2a，3 道路），南北道路3条（西4，5，6 道路）を発見した。南北道路3条はいずれも政庁中軸線とほぼ同じ方位をとっており，北2，2a 道路はそれと直交する方位をとっている。これに対し北1道路は多賀城外郭南辺築地や東西大路と同じ方位をとっている。路幅は，側溝心々距離でみると北2道路が5.7〜4.0 m，西5道路が6.2m である。これらの道路の側溝には3〜4時期の重複があり，埋土の中に灰白色火山灰の堆積しているものがある。この火山灰降下後，北2a道路をのぞく他の道路は側溝の改修を行なっているが，北2a道路のみは維持されることなく廃絶している。これらの道路の路面についてみると，北2a道路は地山をそのまま路面としており舗装された形跡は認められない。北3・西5道路の交差点付近では粗砂を主体とする整地層があり，路面の補修に係るものかと考えられる。

なお，八幡地区では以上の道路より古い道路の存在が知られている。それは北2a道路とほぼ同位置で重複する東西道路である。これについては砂押川の東側まではのびていないことが判明しており，西側へののびや他の遺構との関係など今後の成果に期待する部分が大きい。

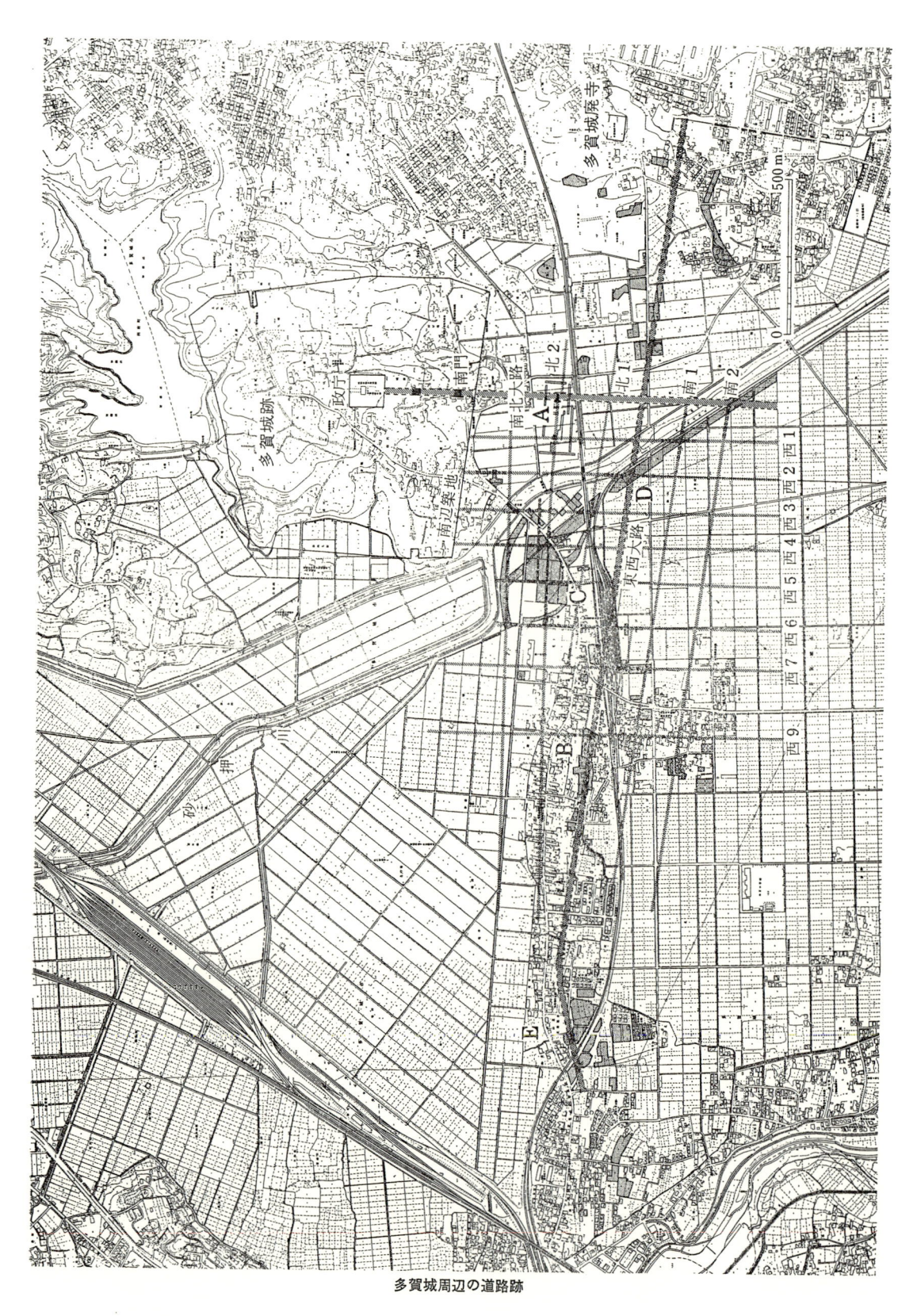

多賀城周辺の道路跡

（4）　山王遺跡多賀前地区（D地点）

多賀城外郭南門から南へ約 0.6km の地点であ

る。東西大路とその南側の 2 条の東西道路（南1，南2道路），4 条の南北道路（西0a・西0b・西1・

西2道路）を発見した。東西大路は東町浦地区で発見したものと一連のものである。ここでは側溝に6時期の変遷が見られ，3番目に古い側溝の埋土に灰白色火山灰が堆積している。西2道路との交差については東西大路の側溝が各時期とも一貫して西2道路の路面を貫く形態をとっている。南1道路は路幅7〜3mであり，山王三区発見の東西道路につながると見られることから東西大路と同じ方向をとるものと考えている。その南側の南2道路は路幅約3mで方向は南1道路と同様である。西0b道路は砂押川の旧河道の上に建設された南北道路である。東側はそれより新しい河道によって削られている。西0a道路は側溝をもたない盛土の道路とされている。西0a・0b道路とも南北大路の延長部分にあたる道路であるが南北大路との関係は明らかにされていない。なお，この地区の調査では東西大路の建設が8世紀代までさかのぼる可能性があるとされている。

（5）新田遺跡北寿福寺地区（E地点）

　多賀城跡から西へ約1.5kmの地点である。この周辺では多くの土器が出土しているにもかかわらず，建物跡や住居跡などの発見例は少ない。山王遺跡とはやや異なった景観をなしていたとみられる。ここでは年代の異なる東西道路2条と，それらに連結する南北道路を各1条発見している。古い道路の側溝は改修された形跡が認められず，埋土の最上層に灰白色火山灰が堆積していることから，10世紀前半にはほぼ埋没したことが判明している。方向は東で約15度北に偏しており，路幅は側溝心々で計ると13.5mである。新しい道路はその後，位置をやや南にずらして建設されたものである。路幅は19〜10mと一定でない。側溝には3時期の重複が見られ，2時期目のものに灰白色火山灰が堆積している。

3　ま　と　め

　これまで述べてきたように，多賀城の南面一帯には9世紀から10世紀にかけて130〜110mほどの間隔で東西・南北にのびる直線道路が建設され，それらによる方格地割りが形成されている。道路には幅12m以上の大規模なものと，8m以下の小規模なものとがあり，前者に属するのは南北大路と東西大路のみで他はすべて後者である。道路の方向には2種類あり，1つは多賀城外郭南辺と同じ方向のもの，もう1つは多賀城政庁中軸線に近い方向のものである。前者は東西大路とそれに隣接する東西道路3条であり，他はすべて後者である。これらの道路を発見した範囲を見ると，南側は外郭南辺から約840mまでであり，東西大路の南側にまで及んでいる。西側は新田遺跡北寿福寺地区までである。この地区の東西道路は方向は異なるものの東西大路と現模がほぼ同じであり，しかもその延長線上にあることから東西大路に続く道路と見ることができよう。北側は砂押川と名古曽川とが合流するあたりまでであり，それより北側は水田域となっている。東側は南北大路の東側に北2道路がのびており，東西大路の延長線上でも側溝と見られる東西溝を南北大路から東へ約300mまで確認している。

　このように道路は多賀城南面一帯に及んでいる。しかし，方格地割りの形成された範囲はもう少し狭く，西9道路より西側には存在しない可能性が高い。また，南北大路の東側については低湿地が広い範囲に及ぶという地形的な制約のある地域でもあり，方格地割りの存在はまだ確認されていない。その存否は今後の成果を待ちたい。次に地割り内の遺構の構成をみると，大規模な建物を中心として構成されているブロックと，小規模な建物が多く見られるブロックに分けられる。前者には国守館や庭園のある国司の館など上級官人の邸宅と推定されているものがあり，これらはすべて東西大路に面した区画である。また，後者についても基本的に掘立柱建物で構成されており，竪穴住居が主体を占める周辺の一般集落とは大きく異なっている点が注目される。

　このように，平安時代の多賀城南面には南北大路，東西大路を基準として規則的に道路が建設され，それらによる方格地割りの内側は周辺の一般集落とは明らかに区別された空間であったと見ることができる。また，その中からは人形，呪符，斎串，人面墨書土器など律令的祭祀遺物がしばしば出土し，都で執り行なわれていた祭祀やまじないがこの地でも実際に行なわれていたことを示している。このような遺構・遺物のあり方から，平安時代の多賀城およびその南面に広がる空間は地方都市と位置づけることができるのではなかろうか。近年多賀城は陸奥国の行政機関であるとの認識がやっと定着しつつある。城外に広がる都市空間の発見は多賀城の果たした役割をより具体的に示す大きな可能性を秘めていると言えよう。

斎宮跡の古代道路

斎宮歴史博物館
吉水康夫
（よしみず・やすお）

斎宮跡では遺跡中央部を東西に延びる奈良時代前期の古道
と，平安時代前期の整然とした方格地割が発見されている

1　斎宮跡の調査

斎宮跡は伊勢神宮の祭神である天照大神の御杖代（みつえしろ）として，天皇の代替わり毎に派遣された斎王の御所およびその運営に当たった「斎宮寮」の官衙として造営されたものである。その制度の初現は，7世紀後半の天武朝に始まり，14世紀前半の後醍醐朝まで約660年間にわたって存続したと言われている。

遺跡は現在の松阪市と伊勢市との中ほど，伊勢神宮（内宮）の北西約14kmの多気郡明和町斎宮および竹川の一帯に位置し，櫛田川の支流で，斎王の禊（みそ）ぎの場であったとも言われる祓（はらい）川の左岸に広がる，標高9〜14m前後の平坦な地形を呈し，その大半が優良な畑作地帯となっている。

幕末から昭和の戦前にかけて多くの先人によって斎宮旧蹟の顕彰のはたらきかけがなされているが，本格的な遺跡の調査は昭和45年古里地区の発掘調査に始まる。民間開発業者による宅地開発を契機として開始されたこの古里地区の発掘調査では，奈良時代の大溝や掘立柱建物，蹄脚硯や大型の朱彩土馬など貴重な遺構・遺物が検出されたことにより，永く「幻の宮」と呼ばれ続けてきた斎宮跡の実態解明のための発掘調査が継続的に行なわれることとなり，すでに20数年が経過している。この間，昭和54年3月にはわが国の古代・中世における歴史・宗教・文化などにとって極めて重要かつ特異な遺跡として137haという広大な面積が国史跡に指定されて今日に至っている。

これまで20数年間に発掘調査された面積は延べ約166,000m²に及び，史跡指定面積の約12%に達している。この間に関係者各位の努力による調査成果は，奈良時代から鎌倉時代にわたる1,300棟を超える掘立柱建物群をはじめとする様々な遺構，緑釉陶器や灰釉陶器とともに祭祀を想起させる土坑に一括投棄された夥しい量の土師器など枚挙にいとまがないが，ここでは与えられたテーマである斎宮跡の「道」を中心に紹介させていただ

くこととしたい。

2　奈良時代前期の古道

斎宮跡では古代の地割が現代まで比較的よく踏襲されており，現代の道路や排水路，畑や字の境界として機能しており，発掘調査に当たっては，調査範囲の限定や後世の溝による攪乱などにより必ずしも遺構の把握が充分にできない場合も多い。このような条件の中で，遺跡中央部を東西に延びる奈良時代前期の古道の所在が挙げられよう。

古道は，約8.0mの間隔を隔てて並行する幅約1.0m前後の2条の溝によって形成されるもので，これまでの調査から遺跡西部の塚山地区から東部の鍛冶山地区に及ぶ約1.1km以上にわたって直線的に続くことが確認されている。その方位は概ねE 15° Sを示し，広域的に見れば，斎宮跡の西方，松阪市域においてその多くが字界に一致する点や古代駅制に由来すると思われる地名の所在などに注目され，すでに足利健亮氏[1]によって伊勢に至る官道として指摘されている。

一方，遺跡内での東の延長については調査が充分に及んでいないため明確ではないが，西部の古里地区および中垣内地区については，今後飛鳥時代〜奈良時代前期に当たる初期の斎宮を追求していく調査にとって極めて示唆的な様相を呈している。すなわち，これまで直線的に確認されている古道の西側への延長線上には「小倉神社跡」，さらにその南隣には「竹神社跡」といわれる旧神社跡が所在し，以前からこれとの相関関係については問題視されていたところである。ところが，近年の発掘調査では当該神社跡を北側に迂回していることが明らかになっている[2]。この神社跡敷地は現在も旧氏子の人々による共有地として山林となっているため広い範囲にわたる面的な発掘調査の実施は困難であるが，ご好意によりトレンチ調査を実施している。

その結果，遺構の面的な把握や位置づけは明確になし得ていないが，古道の北側の古里地区から

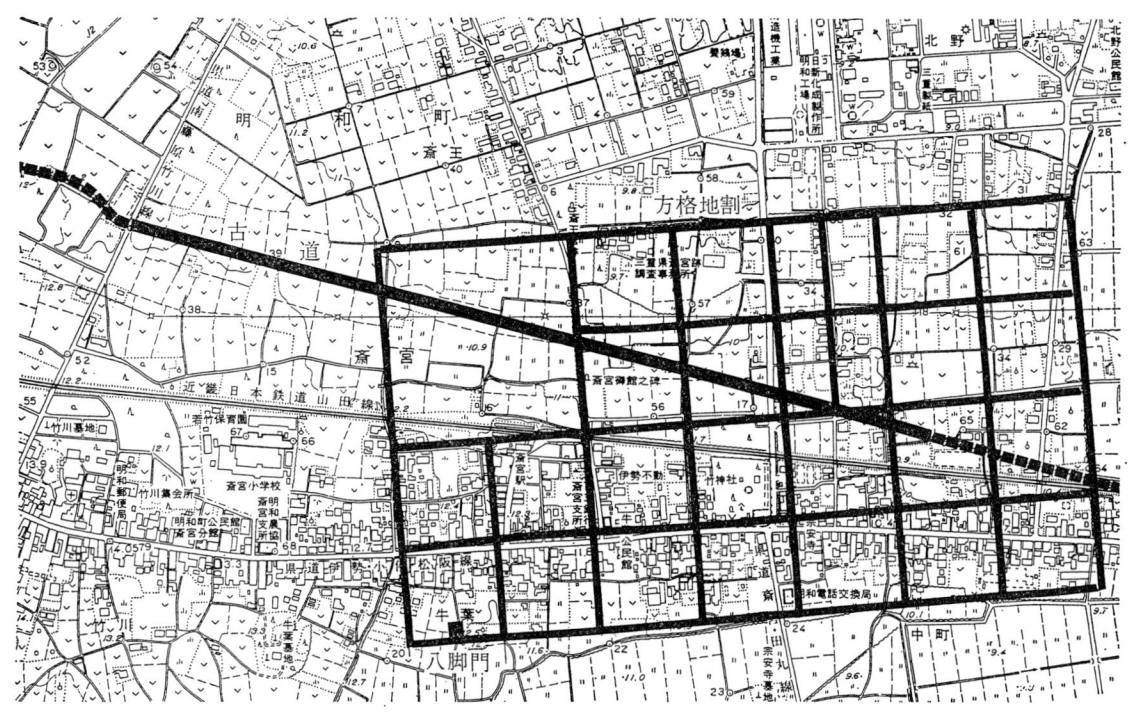

奈良時代の古道と方格地割（縮尺1万分の1）

続く奈良時代前期の大溝が縦断し，同時期と思われる掘立柱建物の一部を確認するなど，奈良時代前期においてすでに官道を迂回させるにたる極めて重要視される性格を持った一画であったことが想起される。

古道の南側に当たる中垣内地区では北側に比べてこれまで調査が少なく，数か所で調査が行なわれているに過ぎない。しかしながら，ほぼ150mの間隔を隔てるものの類似した方向を示す2条の柵や掘立柱建物の検出や三彩陶器片の出土が知られている。建物群の方向性にとって重要な規制となるはずの古道と同じ棟方向を示す建物は現在までのところ確認していないが，今後の調査の進展が期待されるところである。

また，道路の側溝に当たる2条の溝からは，遺跡西部においては少なからぬ土器類の出土が指摘されているが[8]，中央部以東においては皆無に等しい状況であることが注目される。

これまでの発掘調査で約660年間にわたる「斎宮の時代」の中でも飛鳥～奈良時代は遺跡西部に，奈良時代後半から平安時代前半には中央部から東部に，平安時代中頃から末期には遺跡中央部に，そして鎌倉時代には再び西部にといった遺構・遺物の集中する地域の変遷のうかがえることが知られている。

当該道路が存した奈良時代前期においては，遺跡西部で斎宮の重要な一画に隣接していたと思われるのに比べ，東部では建物などが全く存しない原野の中の一本道といった様相を呈していたことがうかがえる。

3 方格地割の道

斎宮跡のもう一つの事例として，遺跡中央部から東部にかけて広がる方格地割を形成する道路が挙げられる。

遺跡東辺を北から南に流れる現在のエンマ川（絵馬川）にほぼ重複して検出される大溝（幅約4.0m，深さ1.0m前後）を東限として西へ7区画分，「斎王の森」と呼ばれている伝承地の南側を北限として，南へ4区画分の，一辺約120m前後の方格地割が幅10mほどの道路とその側溝によって形成されているものである。調査が不充分な点や，遺構の残存状況によっては不明確な地点も多くあり，必ずしも7×4の28区画の整然とした地割りとなっていたものか不明な部分もあるが，現在までの発掘調査によって明らかになっている諸点について紹介しておきたい。

まず，この地割りの時期については，大半の該当調査地点で後世の溝と重複しているため少なからず攪乱を受けており不明確な点も多い。しかし

溝底部の出土遺物やこれらの道路によって形成された区画内に配置された建物群などの遺構との相関関係から奈良時代末期から平安時代初頭には最も拡大していたものであろうと考えている。形成の時期およびその後の変遷などについては現在までのところ充分に把握できているとは言いがたい段階であり，斎宮としての範囲の拡縮は有るものの少なくとも平安時代を通じて永く踏襲され続けてきた地割りであることが指摘できよう。

　一方，各区画の規模については，従来から東から3列目の区画について他の区画に比べ東西方向にやや長い点が指摘されていた。その後，近年の調査の進展によって当該列の中央を南北に縦貫する道路の存在が確認され，他の区画が各々一辺約120m の区画であるのに比べ，東西 60m×南北120m の区画が道路を挟んで対応するように配されている[4]ことが明らかとなっている。

　さらに，これら各区画内の建物群の配置を見てみると，先述の列の北端に当たる区画では60m×120m の範囲内に5間×2間の東西棟の掘立柱建物が南北に4棟，東西に2列の計8棟が規格的に，整然と配されている[5]のが知られ，道路を隔てた東側でもこれと対応するように同様の配置を示す建物群の所在が断片的ながら窺える。

　その南側の区画では，東西約 41.5m，南北約35.5m の範囲を囲む柵列とこれに沿って配された大型掘立柱建物の所在が知られ[6]，ここでも道路を挟んだ東側で柵列と同規模の範囲を囲むと想定される溝や大型掘立柱建物群の所在が知られ，細部の内容は若干異なるものの，対置して考える必要のある様相を示しているものである。

　さらに，この南側の区画では，従来から夥しい量の土器が出土し，祭祀に関連した土器を一括投棄したことを想起させる土坑群の所在が知られ，近年の調査ではこれに加えて区画全体を囲む広範囲にわたる柵列や大型掘立柱建物の所在が確認されたことにより，一時期の斎宮における中枢的な部分の一画であることを思わせるような成果が得られている。

　他方，斎宮跡の史跡指定地内には旧参宮街道沿いを中心に500世帯を超える人々が居住し，その生活関連として多くの史跡現状変更が伴っていることは史跡の保存にとって重要な問題点となっている。しかし，反面民家が建ち並ぶ地域の中での遺構の把握が可能な数少ない好機ともなってい

る。このような中で先般実施した史跡現状変更に伴う事前の発掘調査によって八脚門を検出した成果は斎宮跡のこれまで20数年間に及ぶ調査の中でも画期的な成果の一つである。

　当該地は方格地割の南西隅に相当する区画の南辺中央に当たり，瓦葺き建物が皆無で，掘立柱建物に限られる斎宮にとっては大規模かつ重要な遺構といえよう。東西約106m にわたる柵列のほぼ中央に位置する当該遺構の所在は，たんにこの区画の重要性や性格を検討する資料となるに止まらず，斎宮における南辺道路の所在を明示するとともに，従来7列の可能性を意識しながらも，確証に至らなかった方格地割が当該地にまで広がることが明らかとなったものである。

4　むすびにかえて

　以上，斎宮跡のこれまでの発掘調査における成果のうち，道路跡およびそれらに関連する遺構についてまとまりもなく述べてきたが，調査は未だ史跡指定範囲のわずか12%にすぎず，またその地点も全域に散在しているのが現状である。

　今日，斎宮跡の中でも一時期の遺構の規格性が明らかになりつつあり，今後の調査の実施にとってとりわけ重要であると思われる遺跡南半が，広範囲にわたって地域住民の集落地区となっており，遺跡の実態を明らかにするという目的意識に沿った発掘調査が充分には出来得ない状況にある。そのような中で中核部分はもとより，その規格性・文献資料に見られる様相などほとんどが不明であった「幻の宮」斎宮跡の骨格ともいえる方格地割の確認は，その細部の確認とともに斎宮跡の具体像を明らかにしていくうえで，今後の調査に携わるわれわれにとってその糸口ともいえるきわめて重要な端緒を得たものといえよう。

　　註
1)　足利健亮「大和から伊勢神宮への古代の道」『探訪古代の道』第1巻，1988
2)　大川勝宏ほか「第91次調査」『史跡斎宮跡平成3年度発掘調査概報』斎宮歴史博物館，1992
3)　山沢義貴氏のご教示による。
4)　上村安生ほか「第86次調査」『史跡斎宮跡平成2年度発掘調査概報』斎宮歴史博物館，1991
5)　御村充生ほか「第90次調査」『史跡斎宮跡平成3年度発掘調査概報』斎宮歴史博物館，1992
6)　「第83次調査・第84次調査」『史跡斎宮跡平成元年度発掘調査概報』斎宮歴史博物館，1990

大宰府周辺の道路遺構

太宰府市教育委員会
山村 信榮
（やまむら・のぶひで）

大宰府周辺で道路状遺構が出現するのは7世紀後半以降であるが，
いずれの例も中央政権の強い力をその背景によみとることができる

道路という遺構は近年になって急に注目されるようになった遺構の一つで，その背景として各方面での都市研究の流行により，考古学でも各時代で「都市」という規模の遺跡を対象とした研究をおこなうようになったことによる。遺構上の道路という概念は古代の宮都周辺など一部では早くから調査時点で認識されていたが，大宰府周辺の西海道管内では1979年に福岡県春日市春日公園予定地（当時）での古代官道の検出を契機として1980年代には多くの官道，条坊道路などが調査時点で認識されるようになった[1]。

1 道路の認定とタイプ

考古学上での遺構としての道路の認定は，必要条件として，

1. 帯状に連続性がある特定空間を形成すること

2. 基本的にその空間には空間が使用された同時期の遺構が存在しないことが，

また，充分条件として，

1. 路面と認定できる状況，舗装や硬化面を伴うこと

2. 切り通し，土塁（土橋），橋梁や側溝などの関連施設を伴うこと

3. 轍跡などの通行を示す痕跡を伴うもの

4. 一定距離をおいて2地点以上で存在が確認できること

が挙げられる。しかし，必要条件2などは道路使用当時の社会が道をどのような空間認識をしていたかという評価で条件から外すべきものともなりうる。

大宰府管内での道路の建設方法は，

Aタイプ＝基本的に安定した地盤の平地であれば平行する2本の溝を掘り，路面になる部分に砂を敷く場合がある（春日市先の原遺跡1次）。側溝の両脇に不定間隔の連続ピットを持つものがあり，路面保持の（土留め？）施設があった可能性があるものも見られる（太宰府市前田遺跡）。側溝の形状も底が一定の傾斜を持つ完全な溝状をなすものと底が起伏のある連続土坑状のものとがある（大宰府条坊跡，前田遺跡）。

D1タイプ＝地盤が湿地などで脆弱箇所には盛り土整地が施される（佐賀県鶴前田遺跡）。完全な低湿地には堤状の土橋が版築工法を用いてつくられる＝D2タイプ（大野城市池の上遺跡）。

Bタイプ＝緩やかな丘陵部分はカット工法が採られ，路面は緩やかなスロープとなる。カット工法は平地にも用いられる場合もある（佐賀県中園遺跡，宮崎県都城市並木添遺跡）。

Cタイプ＝急斜面を持つ丘陵に対しては「切り通し」となる（佐賀県吉野ヶ里遺跡）。切り通し部分は前後の路面幅に対して極端に狭い（図1）。

2 路面の硬化

路面の「硬化」には二つの形状が見られる。すなわち，側溝間の路面全体が硬化するもの（春日

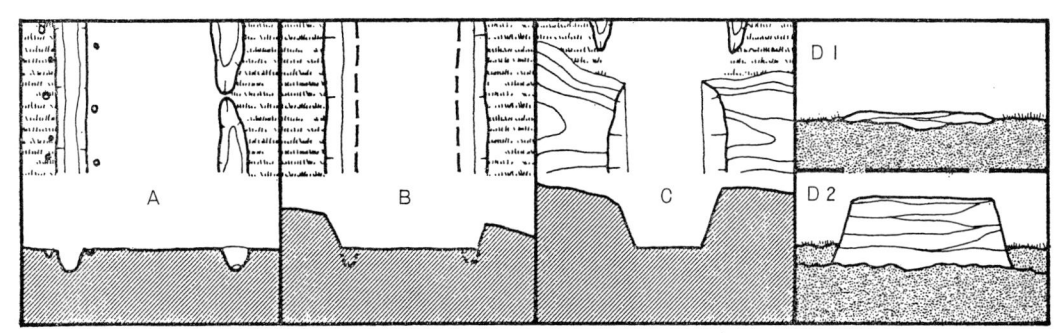

図1 道路施工タイプ

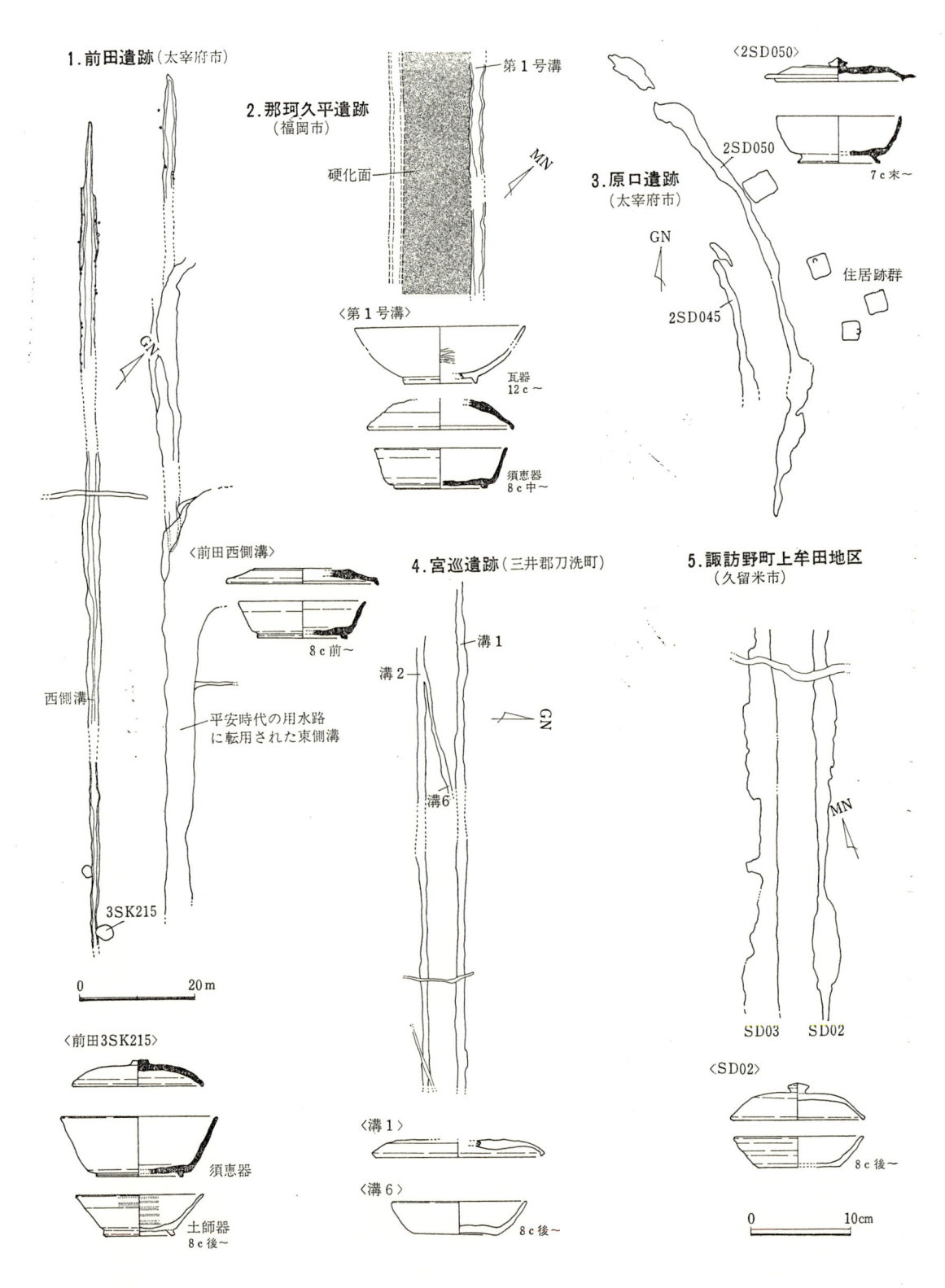

1. 前田遺跡（太宰府市）

2. 那珂久平遺跡（福岡市）

　　第1号溝

　　硬化面

　　MN

〈第1号溝〉

瓦器 12c

須恵器 8c中〜

〈前田西側溝〉

8c前〜

西側溝

平安時代の用水路
に転用された東側溝

GN

3SK215

0　　　　20m

〈前田3SK215〉

須恵器

土師器 8c後〜

3. 原口遺跡（太宰府市）

〈2SD050〉

2SD050

7c末〜

GN

2SD045

住居跡群

4. 宮巡遺跡（三井郡刀洗町）

溝1

溝2

GN

溝6

〈溝1〉

〈溝6〉

8c後〜

5. 諏訪野町上牟田地区（久留米市）

MN

SD03　SD02

〈SD02〉

8c後〜

0　　　　10cm

（図の出典）
1.『太宰府市史』太宰府市, 1992　2.『那珂久平遺跡』福岡市, 1986　3. 狭川真一「大宰府成立期の遺構と遺物」古文化談叢30, 1993
4.『九州横断自動車道関係埋蔵文化財調査報告26』福岡県, 1993　5.『古代官道・西海道跡・諏訪野町上牟田地区の調査』久留米市, 1992

図2　大宰府周辺の広域道路（官道）の諸例

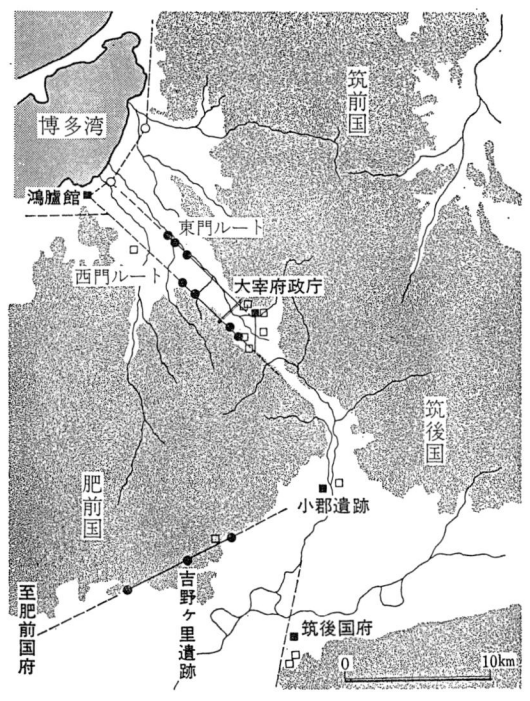

図3 官道ルート図

3 道の用途別事例

検出されている道路は設定された用途により，1広域交通のための道，2区画施設としての道，3導入路としての道が設定し得る。

広域交通に関連するものの代表に古代官道がある。大宰府周辺では主要な3つのルートの道が考古学的に想定しうる。一つは水城跡の西門を介して北は鴻臚館跡へ，南は大宰府の朱雀大路南端に接続するもの（水城西門ルート），一つは同じく水城跡の東門を介して北は博多湾方向，南は大宰府政庁に向かうもの（水城東門ルート），もう一つは西門ルートから分岐して早良平野を抜け肥前北部沿岸に至るものである。佐賀，筑後平野でも各国府に向かう「西海道」が検出されている（図3）。前二者は山陽道に帰属する。西門ルートにはこれに先行する可能性のある7世紀後半の遺構も見つかっている（太宰府市原口遺跡）。巨視的に見た場合，地形，地質に係わらず非常に直線的に施工されたことが証明され，道路自体は前述のごとく種種のバリエーションを持つ。同一ルート中で側溝や路面の規模にばらつきが見られ，普請割の抽出も可能である。広域道路のネット的な供用は8世紀前葉以降のことである。

区画施設としての道には大宰府条坊が挙げられる。考古学上で認識されている大宰府の条坊は時期的に大きく区分すると，奈良時代のものと平安後期のものとがある。奈良時代のものは路面幅35mの朱雀大路を中心にその東西に大略100mの間隔で路面幅3mほどの南北道路が展開する。現段階ではこの時期の明確な東西道路は検出されて

市春日公園内遺跡，福岡市那珂久平遺跡ほか）と，幅約30cmの帯状に検出されるもの（宮崎県並木添遺跡）である。経験的に後者は徒歩による通行の痕跡と見られ，前者は人為的路面整地によるものであろう。大抵，硬化部分では黒色土層は発達しておらず，植物が繁茂していなかったことを示している。また，関東で「波板状遺構」と称される連続する窪みが路面中で見つかっている（小郡市薬師堂東遺跡，久留米市筑後国府第39次調査）。この窪みについて薬師堂東遺跡ではコロを使った重量物運搬に際して形成されたテコ穴と判断している[2]。

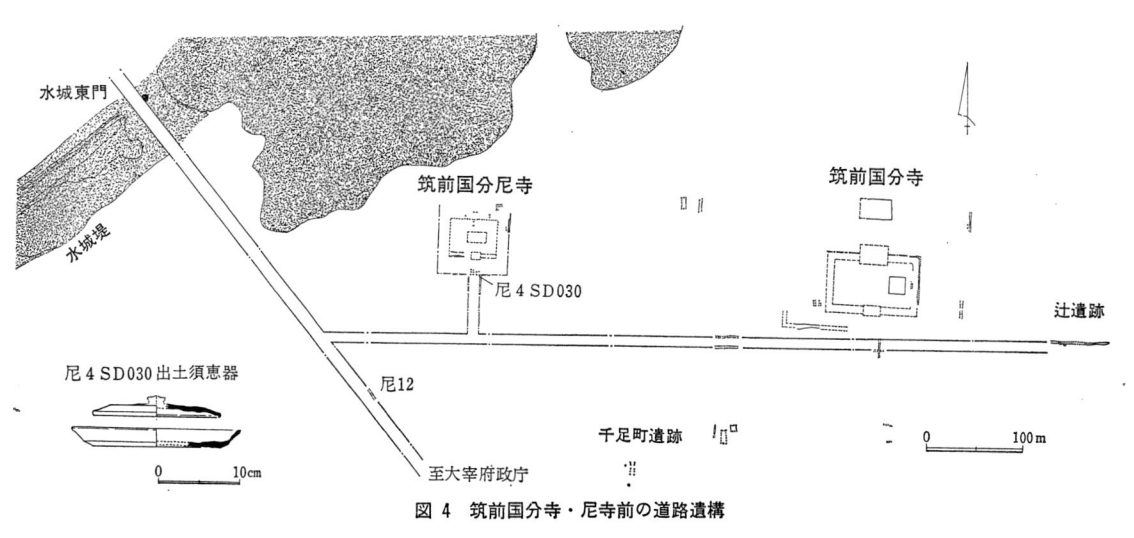

図4 筑前国分寺・尼寺前の道路遺構

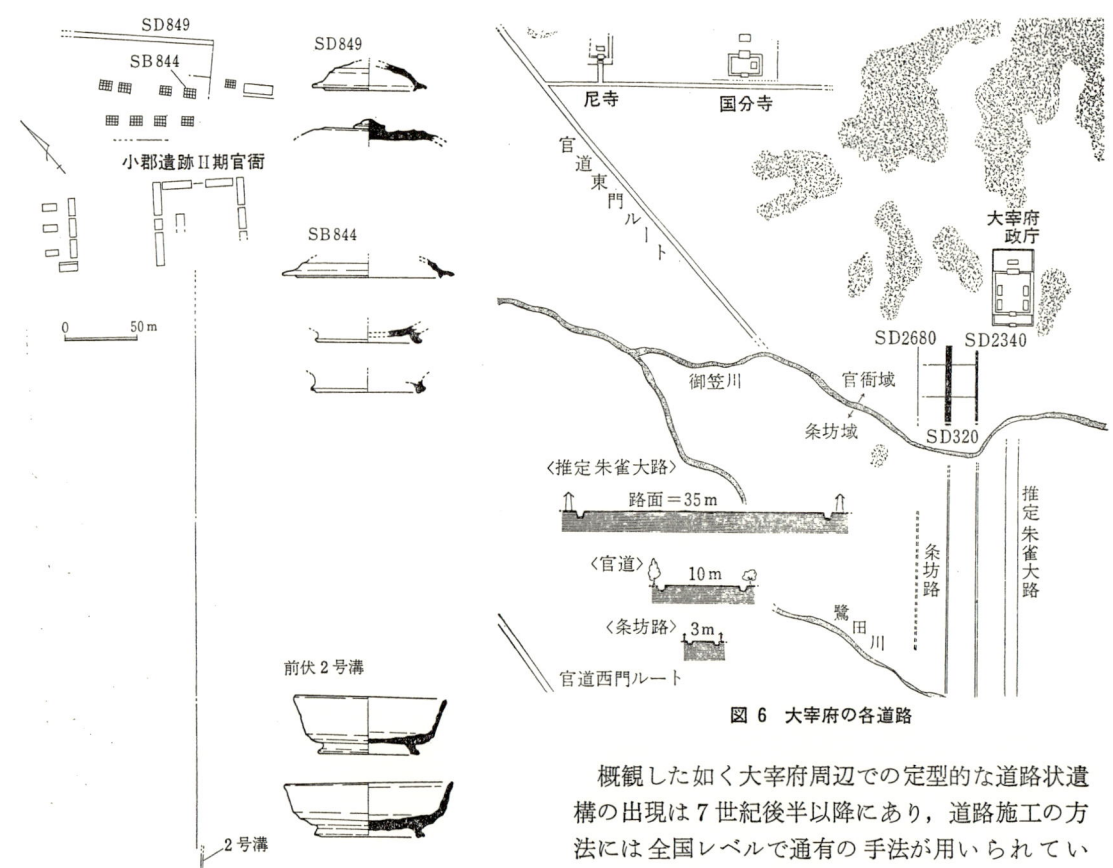

図5 筑後国小郡遺跡（II期）の官衙と道路

図6 大宰府の各道路

おらず，平安後期のものは明確にメッシュ構造が発達している。奈良時代の政庁前面に展開する官衙域の南北区画には道ではなく幅広の溝が採用されており，条坊域との違いを見せている[3]。

特定単位遺跡への導入路としては，寺院では筑前国分寺，尼寺のパターンが挙げられる。広域道路である官道東門ルートから水城東門南約300mの地点で東に分岐する路面幅9m以上の道路に，尼寺は路面幅12m，長さ60mの参道が接続する。僧寺には備中国分尼寺の如く[4]参道が無い可能性がある。また，官衙では小郡市小郡遺跡II期遺構群に，西南約400mの地点にある前伏遺跡の路面幅6mのものが関連する可能性がある。両者の時期は出土遺物上では同時期の7世紀後半から8世紀初頭と見られる（図5）。寺院例も官衙の例も遺構群の南端中央に道路が導かれる設定となっているのがこの導入路パターンの特徴である。

4 小 結

概観した如く大宰府周辺での定型的な道路状遺構の出現は7世紀後半以降にあり，道路施工の方法には全国レベルで通有の手法が用いられている。道の用途別に広域路，区画路，導入路の区分を設定したが，いずれも空間を意味的，視覚的に決定することを一義とし，道に係わる工事規模の大きさは古墳時代の集落間や地域間をはるかに超えるもので，直進性に見られる設計のレベルの高さ，施工の徹底，普請割の可能性から考えられる地域の工事負担などから，道路の造営行為は官衙造営とともに中央政権がおこなった権力支配の新たな手法として導入されたものであったと評価される。

これ以降，これらの道路の中には道そのものが廃絶した後に，旧側溝や路面が水田経営に係わる主要施設（導水路，大畦畔など）や行政境界に利用されることが多く見られ，その後の地域開発に大きな影響を残している。

註
1) 山村信榮「大宰府周辺の古代官道」九州考古学，68，1993
2) 福岡県教育委員会『九州横断自動車道路埋蔵文化財調査報告書13』1988
3) 狭川真一「大宰府条坊跡」『太宰府市史』1992
4) 高橋 護・橋本和男「国分尼寺」『新修国分寺の研究』第4巻，1990

道路と交通施設

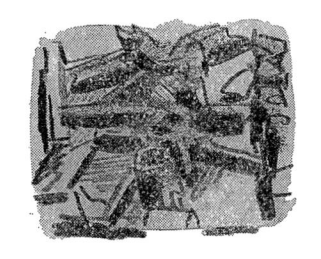

道路に伴う施設としては橋や駅家遺構など
があるが，それらは道との関連でどう調査
され，各々どんな特徴がみられるだろうか

滋賀県瀬田唐橋遺跡／奈良県稗田遺跡の下津
道と橋／兵庫県小犬丸遺跡（布勢駅家）／兵庫
県落地遺跡（初期野磨駅家推定地）

滋賀県瀬田唐橋遺跡 ─────

滋賀県安土城郭調査研究所
大沼 芳幸
（おおぬま・よしゆき）

唐橋遺跡では壬申の乱から江戸時代にかけての5種類の橋脚が検出
されたが，いずれも古代官道に取り付く位置に架け続けられてきた

　大津市瀬田橋本町の瀬田川底より，古代から近
世にかけての勢多橋と考えられる橋脚遺構が複数
検出された。ここでは，「道」を構成するものと
しての橋の構造を発掘調査からの知見を中心に報
告するとともに，検出された勢多橋と古道との関
係についてふれてみたい。

1　調査経過

　唐橋遺跡は，現在の瀬田唐橋の下流約 80m 付
近の川底に立地する水底遺跡である。遺跡の性格
については，この立地条件のためかほとんど不明
の状態であった。

　1987年，琵琶湖総合開発に伴う瀬田川浚渫工事
が計画されたことから，この遺跡の性格と範囲を
明らかにするため，潜水による試掘調査を実施し
た。この結果，広い範囲から遺物包含層と，遺構
の可能性を秘めた石群が検出された。このため本
格的発掘調査を1988年より2ヵ年に渡って実施し
た。調査については，調査範囲を鋼矢板で囲い排
水した後に行なうのが理想的であるが，遺跡が瀬
田川でも最も川幅の狭い部分に立地している上，
大小の船舶の往来の激しいところであることか
ら，川中に巨大な構造物を設置することは不可能
な状況であった。このため，諸般の安全面を確保

し得る最大限の部分を鋼矢板で囲い陸化調査する
こととし，その他の部分については，潜水による
発掘調査により対応することとした。潜水による
発掘調査を採用したのは，他に代わる調査法が無
かったことが最大の理由であったことは否定でき
ないが，これまでに，滋賀県内で数多く行なって
きた琵琶湖湖底遺跡に対する試掘調査の技術の蓄
積があったことにもよる。

　陸化調査においてまず目に付いたのは，川底に
存在した長軸約 15m，高さ約 1.2m の平面型が
楕円形の，岩石の集積であった。当初この岩石群
の性格は不明であったが，調査の進展につれて，
この岩石群が，7世紀代まで遡り得る木製の橋脚
基礎を押さえるための，捨て石構造の遺構である
ことが判明してきた（第1橋・第1橋脚）。さらに陸
化調査と並行して行なっていた潜水調査において
も，第1橋脚から沖に約 15m 離れた地点から同
様な遺構が検出された（第1橋・第2橋脚）。さら
に，潜水調査において，第2橋脚の上流約 15m
の所から第1橋とは構造，年代の異なる橋脚遺構
（第2橋）が，さらにこの第2橋と重なるように第
3橋の遺構が，また，これらの橋脚遺構の周辺か
ら，橋脚を支えていたと考えられる礎石が11個
（第4橋），さらに橋脚のものと考えられる柱穴列

（第5橋）が検出された。すなわち，この調査において，年代，構造の異なる５種類の橋脚遺構が検出されたことになる。

2　検出橋脚遺構と年代[1]

第1橋（図1。第1・2橋脚）

第1橋に伴うと考えられる，構造の共通する橋脚基礎遺構が2基検出されている。

これらの構造は，整地した川底に，流れに沿い3本以上の丸太を敷き，さらにこれに直行して直径 20 cm 程度の丸太を11本並べ，橋脚台を支える基礎とする。この基礎の上に乗せる橋脚台は，断面形 45 cm×40 cm，長さ 6.5m 程の檜材を6本用いて組み上げた，平面型が横長の六角形の構造物である。この橋脚台の各々の辺の中央には，直径 20 cm 程の穴が穿たれている。橋脚の柄（ほぞ）を入れるためのものである。このことから，1基の橋脚は6本の柱から構成されていたことがわかる。これらの構造物を人頭大の石で固めるわけであるが，この際，基礎の丸太の上に直径 5 cm 程度の細い柴状の木材を直行させながら3層以上密に並べる。石の加重を均一に働かせ，構造物の浮上を防止するためのものであろう。

丸太からなる基礎，六角形の橋脚台は，いずれも橋の加重を均一に川底に伝え，不同沈下を防ぐためのものであるとともに，六角形の長軸の先端を上流に向けることにより，水の抵抗を減らそうとしたものであろう。構造を固めるための石（捨て石）はすべて割石が用いられている。面と面，角と角が組合わさることによって，より強固な構造となることを目的としたのであろう。この捨て石群の流心寄りの下流側から直径 30〜40cm ほどの柱穴状の円孔が捨て石を囲むように8個検出されている。杭状のものを打ち込んで，捨て石の流失を防ごうとしたものであろう。さらに，平面六角形の橋脚台の内側には，砕石と思われる石を，灰褐色の粘土で固めた極めて強固な造作が施されている。橋脚台の移動を防ごうとしたものであろうが，この部分は，遺物の出土状況から，橋の竣工からやや降った時期に修理のために施工された可能性がある。また，基礎構造を押さえる捨て石の中から，自然に混入するとは考えがたい，鉄鋼石が3個検出されている。あるいは，「橋よ，鉄のように強かれ」との祈りを込めて石に混ぜたものかもしれない。第1橋の橋脚基礎構造の規模は，約 12m×約 8m の長楕円形であり，ここから推定される第1橋の規模は，幅員約 8.5m，橋脚間約 18m，全長 130m 以上のものとなり，橋脚基礎は，6〜7基存在していたものと考えられる。

この橋の年代は，基礎丸太直下から出土した遺物の年代，橋脚台を構成する檜材の年輪年代（橋脚台材——548年，基礎丸太の下から検出されたレベル

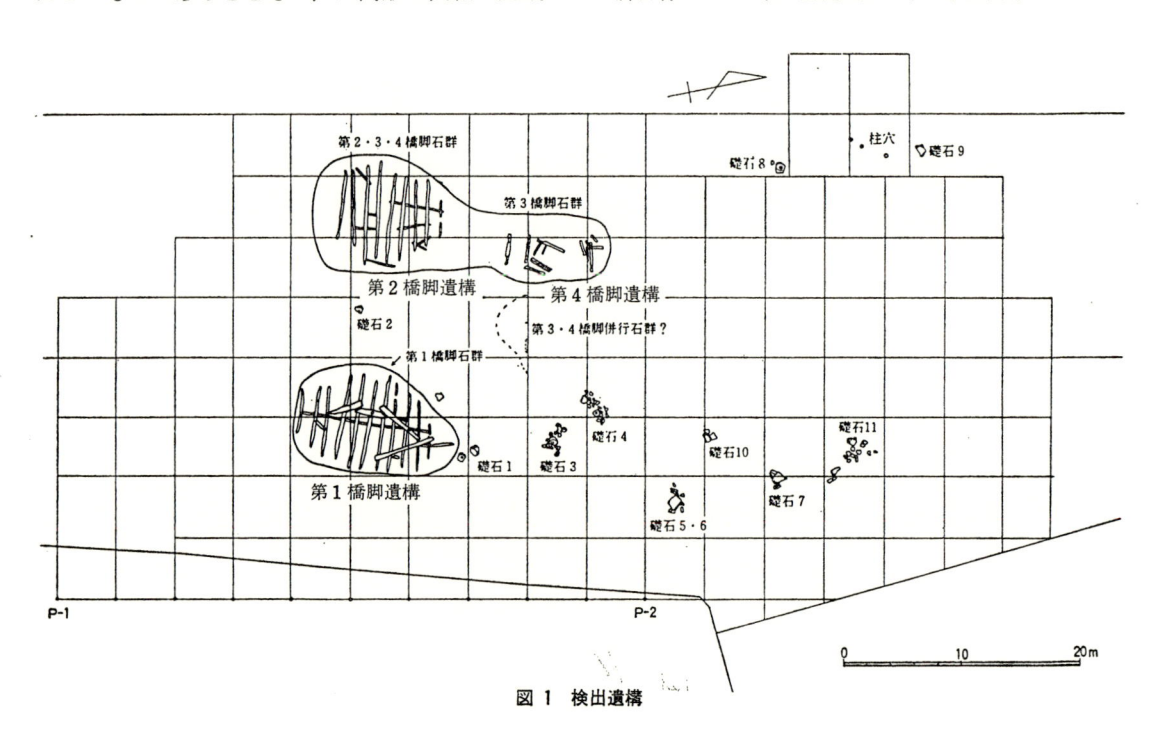

図 1　検出遺構

を調整するための材——607年など）から，7世紀代に構築された可能性が高く，その建設の契機は，大津の宮の造営に求めることができる。まさに，壬申の乱に登場する勢多橋がこの橋である可能性が極めて高い。

第2橋（図1。第3橋脚）

第1橋の第2橋脚の上流約 15m の所から検出された橋脚の基礎遺構である。基本的な設計思想は，第1橋と共通する。すなわち，基礎として丸太を敷き，その上に橋脚台を組み上げ，捨て石で固めるものである。しかし，橋脚台の構造は大きく異なり，檜の角材を井桁に組んだものを1対で1基の橋脚の基礎構造としている。第1橋が六角形という複雑な角度の組み合わせで構築したのに対して，直角組み合わせのみで橋を構築する単純化した構造を取っている。橋脚台の組み合わせ部分に柱の一部と考えられる部材が残存していることより，片方の橋脚台から4本，合わせて8本の柱から，1基の橋脚が構成されていたことが想定される。この橋脚基礎構造から想定される第2橋の規模は，幅員約9m，橋脚間約9m 程度のものであろう。橋の構築年代については決め手を欠くが，捨て石の中から出土した遺物の年代と，この第2橋の架橋想定線の下流部からのみ「和銅開珎」が大量に検出されたことから，8世紀代とすることができよう。

第3橋（図1。第4橋脚）

第2橋の基礎構造の間から検出された3本の檜の角材と，複数の広葉樹の丸太材からなる構造物である。周囲の遺構の状況からこれも，第1橋，第2橋と設計思想の共通する橋の基礎構造と考えられる。ただ，検出された遺構の規模が約 2.5m ×約2.5m と小さいことから，この橋の基礎も，第2橋同様2基1対であった可能性が高い。この橋の規模は，遺構の残存状況が悪く不明である。この遺構の年代は，基礎直下から出土した和鏡の年代から，12〜13世紀のものと考えている。

第4橋

橋脚を支えていたと考えられる礎石が11個検出されている。これには2種類のタイプ（①中央に20cm ほどの円孔のあるもの，②円孔の 無い 平坦な面を持つもの）がある。

検出された礎石は，広い範囲に分散しており，原位置を保っているものは少なく，橋の平面型を復元するには至らない。これらの礎石の据えられた年代は特定しがたいが，周辺の出土遺物の年代から，第3橋よりも降る時期と考えている。

これらの礎石の内，円孔を持つものと同型式のものが，近江国庁跡を始めとする瀬田川流域の古代遺跡にも認められることが注目される。橋の造営の際，転用したものであろうか。

第5橋

礎石群よりさらに上流から橋脚のものと考えられる柱列が検出されている。この遺構が検出された部分は，古琵琶湖層と呼ばれる灰褐色の極めて固い粘土層がやや盛り上がった部分で，直径約40cm の柱穴が 1.1m 間隔で4個並んでいる。このことから幅員3.3m 以上の橋が想定できる。この橋の年代は周辺の遺物の出土状況から，江戸時代に入るものと考えている。

出土遺物の特色

唐橋遺跡からは，架橋の際に用いられたと考えられる大量の釘，鑿をはじめ斧，鑿などの工具類，橋に関する祭祀に用いられたと考えられる，無文銀銭を始めとする大量の銭貨類，仏具，装飾品や，勢多橋を舞台に繰り広げられた合戦に用いられたと考えられる刀・矢尻などの武具類など，橋をめぐる人々の生きざまを感じさせるような，多種多様な遺物が出土している。

検出された橋脚基礎構造の特色

従来，古代の木橋は，橋脚を直接川底に立てる「打ち込み式」により構築されてきたと考えられてきた。しかし，唐橋遺跡から検出された5種類の橋のうち，実に4種類までが橋脚を支えるための基礎構造を造り，ここに橋脚を立て上げる工法を採用していた。

一見，材を多く用いるこの構造は，不合理にも見えるが，ここの地質的特質を考えれば，必然的に採用せざるを得なかった工法ともいえる。すなわち，これらの遺構の存在する場所の川底の地質は，極めて固くしまった砂礫質（N値30前後）であり，容易に柱を打ち込み得る状況ではない。ここに，どうしても橋を架けなければならない状況が生じた際，採用せざるを得なかった技術が，この基礎構造を伴う架橋技術であったのであろう。この技術の採用に踏み切った背景には，統一新羅時代の「月精橋」架橋に見られるような優れた架橋技術をわが国に伝えた渡来人たちの姿があったであろうことは，容易に想像できる[2]。そして何よりも重要なことは，この地に橋を架けなければな

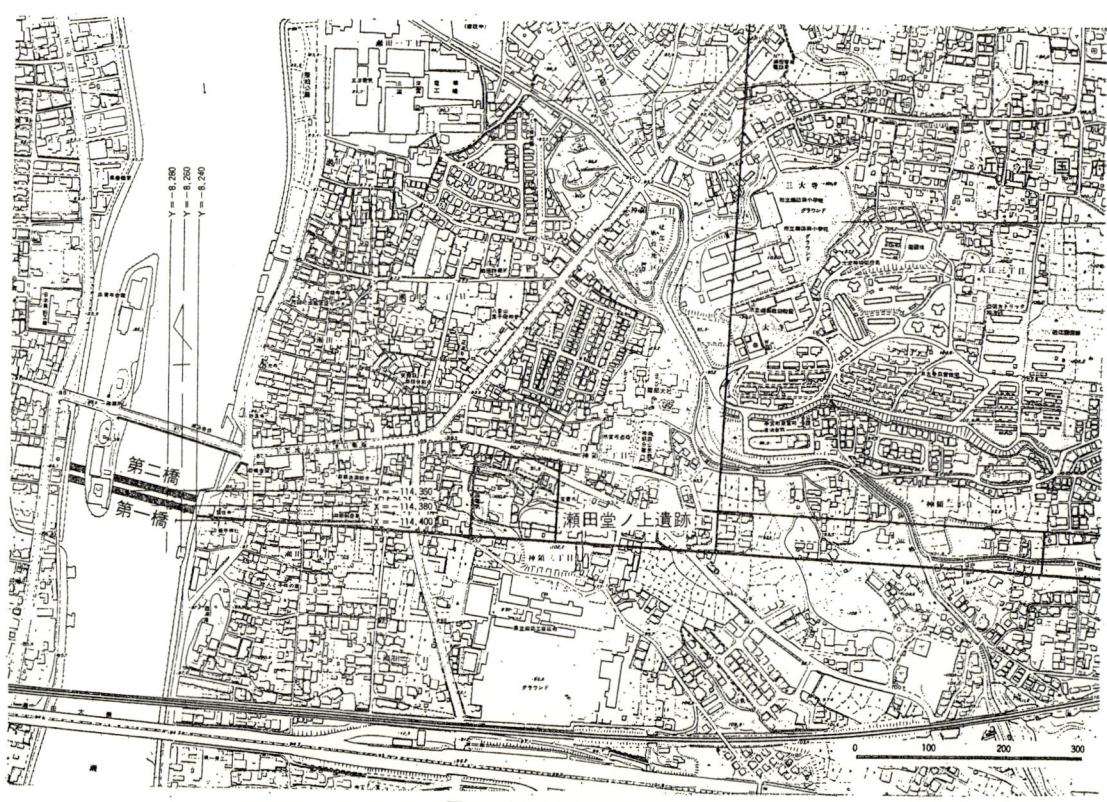

図 2 古道と勢多橋の位置

らないという必然性のためであったのであろう。

3　古道と唐橋遺跡（勢多橋）

　第1橋の架橋の契機となったのが，大津の宮の造営であったであろうことは先にも触れた。これまで，瀬田川の東を通り飛鳥に至っていたと考えられる官道は，大津の宮造営に伴い，否応なしに瀬田川を横断せざるを得なくなった。言い替えるならば，瀬田川に架かる橋は，首都を目前にした最初のモニュメントとして，人々を圧倒する規模で構築する必要があった。それ故，当時の交通量を考えれば，無駄としか言いようのない幅員8.5mにも及ぶ巨大な橋をあえて架けたのであろう。そして，これをなし得た背景には，従来の伝統的技術に加えて，渡来人たちによってもたらされた新技術があったであろうことは，先に指摘した通りである。

　今回検出された5時期の橋はいずれも現在の瀬田唐橋の下流 80m 付近から瀬田川西岸の「中の島」と呼ばれる島を目指して架けられていた。この部分は，瀬田川でも最も川幅の狭い部分であることから，常にこの場所が架橋の場所として選択

され続けて来たのであろう。

　さて，現在の瀬田唐橋より下流 80m という位置であるが，この位置から東に直進すると勢多駅へ推定される瀬田堂ノ上遺跡の南辺を通り，近江国庁跡の南辺に至る古道に至る。すなわち，勢多橋は，この古代官道に取り付く位置に架け続けられてきたわけである。そして，現在の位置に瀬田唐橋として移動したのは，近世の東海道の整備に伴うものとして理解できよう[3]。

　　註

1）　滋賀県教育委員会・（財）滋賀県文化財保護協会『瀬田川浚渫工事関連埋蔵文化財発掘調査報告書II—唐橋遺跡—』1992

2）　文化財研究所・慶州古蹟発掘調査団『月精橋』1988

3）　足利健亮「勢多橋と古代官道」『勢多唐橋—橋にみる古代史—』六興出版，1990
　　横田洋三「勢多橋と古道」考古学ジャーナル，332，1991

奈良県稗田遺跡の下津道と橋

県立橿原考古学研究所
中井 一夫
（なかい・かずお）

直線道路の下津道では幅16mの路面部分と道に伴う橋がみつかっており，平城京の計画ラインにほぼ一致してつくられたと推定される

下津道は奈良盆地中央を南北に縦断する直線道路である。大和における直線道路はこの他に中津道・上津道がこれとほぼ平行してこれより東に等間隔に存在している。これらと直行する東西路には横大路と北の横大路がある。またほぼ直線ではあるが，前記の道路に対して斜行している道路がある。これらの斜行道路は自然地形に沿ったもので，その出現は古い（古墳時代）ものであろうと考えられるが，他の道路と同様発掘調査された例がほとんどない。下津道に関わる文献として，孝徳紀白雉4年（653）6月条の「處處の大道を修治る」がある。また壬申の乱（672）においては，倭京将軍に任じられた大伴連吹負は近江を攻めるため乃楽に進軍する途中稗田に至っている。稗田は環濠集落として有名な大和郡山市稗田町であろうことから，その位置は下津道に接している。稗田の集落が環濠の形態をとったのは中世後期であることから，その村落形態は異なるが大字としての位置は変わりないと考えられる。後述する発掘調査結果から西側の環濠は下津道と東側溝部を濠としている。

1 河道の調査

1975年，稗田の集落の西南約300mを中心とする7haの水田が県営住宅予定地となったため，遺跡有無確認のための試掘調査を行なった。この調査により，北東方向から南西方向に流れる幅約10m，深さ約2mの奈良時代の河道が存在することが確認された。この流路の上流の検討を行なったところ，調査地のすぐ東の稗田町と若槻町の境界が条里地割りに沿った直線的な境界の多い奈良盆地のなかで，検出された河道の延長を示すように斜めのラインを持っていた。さらにこの方向を上流部に伸ばしてみると，まさしく川跡そのものを示す水田の並びが存在した。こういった作業の結果，稗田で検出した川は平城京の東辺を流れ，京が終わると約135度の方向転換し検出した川まで一直線に延びていた。全体のプランを眺める

と，平安京における鴨川のプランとそっくりである。この河川は自然のものではなく，平城京建設に関わってその東側からの水の流入を調節するために造られた人工のものであることが判明した。翌年この河道を中心とした発掘調査が行なわれ，河道内からおびただしい祭祀に関わる遺物が出土した。以下これの概要を記す。

検出した川は幅約10m，深さ約2mの規模をもつ。川内の堆積はほとんどが砂で層位的な発掘はほとんど不可能であったが，ほぼ半分の深さまで川が埋没した時点で護岸のためのシガラミが多数築造されていたため，これを目安に層位的な発掘を行なった。出土した遺物は上下層ともほとんどかわらなかったが，これは後述する下津道との交点の調査でその理由が判明した。上下層での大きな違いは，動物（牛馬）の骨がこのシガラミの面で多量に出土したことである。これとともに幼児の骨が2体検出された。シガラミは約5mおきに岸辺から中央部に向かって約2mの長さで造られていたが，太さ3〜5cmの杭を10cm間隔に打ち込み，これを細い木の枝を横に用いて編み込んでいた。このシガラミの下流部には泥が堆積しており，こういった部分から，人形・斎串・鳥形・刀形・絵馬などの木製品が，他の砂層から土馬・ミチュアの竈・墨書人面土器などが出土した。その量は非常に多く，その理由としては調査区のすぐ東に推定されている下津道との交差点には橋があり，その上からこういった祭祀遺物が投げ込まれたのではないかと推定していた。これを証明するかのように，調査区中の最上流部において和銅開珎が出土した。重いものと軽いものの差が出土位置で現われるとすればまさしく推定どうりであろうと思われた。馬の骨は頭部がほとんどで，他の部位は見られなかった。下層部にも見られたが，破片で完全な形のものは既述の面のみに限られていた。牛は1頭分すべてがそろって検出された。人骨の内の1体は菰様のものにくるまれていた。頭部の上には径約10cm，深さ約7cm

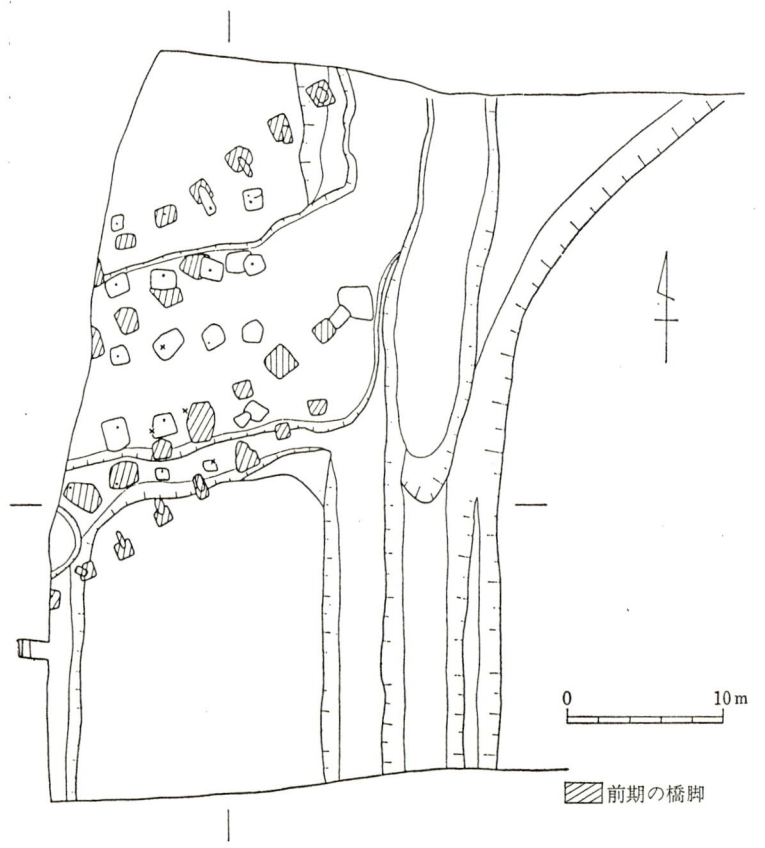

下津道および橋実測図

▨ 前期の橋脚

の曲物が添えられていた。水葬的な概念での死体遺棄とでもとらえるべきであろうか。これらは一つの面としてとらえられる部分に密集して検出された。

2 下津道と橋の検出

こういった調査結果とこれより導き出せた推定を証明できたのが1980年〜1982年にかけて行なわれた若槻庄関連調査である。これは前回の調査地の東側に計画された大規模な宅地開発に伴うもので，中世荘園として有名な若槻庄のほぼ半分の面積がこの中に含まれていた。下津道部は保存要請の結果，連絡道路だけがつくられることとなったが，事前の試掘調査では（昭和51年度実施），川が大字境に位置していたため，まったく確認できなかった。調査は偶然にも前回調査の最上流部に続く位置に計画された連絡道路部と，これより上流の稗田・若槻の大字境部の調査を行なった。最終年度には，さらに上流も約100mにわたって調査を行なった。川の規模はすべてほぼ同じであった。出土した遺物は推定どうり下津道との交点より上

流部においては極端に少なかった。交点においては，下流部の遺物群に加えて貨銭の量が多くなっている。牛馬の骨が多量に出土した面より上層からは10世紀代に関わる遺物も見られた。検出された下津道は路面幅16m・東側溝幅11m・西側溝幅3m（推定）の規模を持ち，しっかりした地山を掘削してつくられていた。地山面の凸凹は新たに土を入れて平らにしているが，これの下には自然木や板材が不規則に入れられていた。東側溝は二段に掘られており，道路に近い部分は約1mの深さ，外側の部分は約2mの深さであった。橋脚の用材は檜で太さは径30〜40cmを計る。橋は当初から計画されていたようで，掘立柱と同様の掘方を持つ。掘方の深さは約1.5mと非常に深い。橋は前後2時期が確認できた。前期のものは道路と川は直交していないのでその平面形は菱形となっている。その規模は幅18m・長19m，7間×3間である。後期のものは道路主軸方向に一致したものとなり，幅が約10mと細くなる。これの時期決定は難しいが，前期のものの橋脚の抜き取り穴の窪みに堆積した腐食土層中から霊亀三年銘の木簡が出土している。これの上層からは奈良時代中期頃の遺物が出土しており，この河川の管理がこのころまでは相当しっかりなされていたことがうかがえる。規模の縮小された橋は，まだ川底に掘方を有していることもこれの裏付けとなるであろう。この後これの補修のためと思われる橋脚は，その先端を尖らせた杭で川内に堆積した砂層に打ち込まれていた。道路の維持管理の変遷を知る興味深い事例である。前期の橋の橋脚は西側溝の中にもみられたことから，側溝の無かった時期もあったのではないかとも思われる。川内から出土した遺物の中で最も新しい時期のものとして饒益神宝（859年）がある。この橋の存続年代を知る資料となるであろう。

3 藤原京と下津道

調査範囲内で知り得た道路主軸は国土座標軸に対して $0°1'56''$ である。道路中心点（側溝心々間）と平城京朱雀門中心とを結ぶラインは $0°15'57''$，朱雀門下で検出された藤原京期の下津道とでは $0°16'23''$，朱雀大路とでは $0°16'23''$，朱雀大路下の下津道とでは $0°15'41''$ である。これを平城京内の計画ラインの平均角度でそれぞれの地点からの誤差に置き換えると，朱雀門中心からでは西へ55.1cm，朱雀門下の下津道心からでは西へ118.2cm，朱雀大路心とでは西へ 6.3cm，朱雀大路下の下津道とでは西へ 0.3cm ずれていることになる。下津道が藤原京期より存在していたことは既述の平城京朱雀門下層例や平城京朱雀大路下層例で明らかであるが，ここより導き出せる国土座標軸に対する振れは藤原京の計画地割り方向とは異なるものである（藤原京の振れは宮の南門と北門を結ぶ線で $0°26'55''$）。下津道が藤原京期に存在するならば，藤原京の計画方向に一致してしかるべきではないだろうか？ 中津道はいまだその存在を考古学的に証明されていないが，その痕跡からみると藤原京の計画ラインにほぼ一致しており，このため平城京とは不自然な取り付きかたをしている。平城京造営に際して下津道の改造がなされたとすれば，それがどのようになされたのかより詳細な検討が必要であろう。現在藤原・平城両京域で得られる都市計画に関わる数値は驚くほど正確な工事施行がなされたことを示しており，測量術の未熟さをその理由とするのはまちがいであろう。朱雀門下層から検出された下津道の西側溝からは次のような文面を持つ木簡が出土している。

（表）　関々司前解近江國蒲生郡阿伎里人　大初
　　　　上阿□勝足石許田作人
（裏）　同伊刀古麻呂　　大宅女右二人左京小
　　　　治町大初送行乎我都　鹿毛牝馬歳七上笠
　　　　阿曽弥安戸人右二
　　　　　　里長尾治都留伎

これは，藤原京左京小治町に住む笠阿曽弥安の戸の人である阿伎勝伊刀古麻呂と大宅女の二人が近江國蒲生郡阿伎里の阿伎勝足石のもとに田作人として仕事に従事してのち，帰京するに際して阿伎里長の尾治都留伎が関々の司に対しての二人の身分証明書（過所符）として作成したものである。幾つかの関所を経て大和の国に入った二人にとっ

て，この身分証明書はもはや不要となり道路側溝に捨てられたのであろう。このことから下津道の延長線上の山背国との国境には関所が設けられていたことがしられる。

下津道の調査は以上の地点のほか数カ所で行なわれている。すなわち藤原京西京極にかかわる一連の調査，および大和郡山市における稗田環濠集落の環濠整備事業に伴う調査などがある。これらは道路敷きすべてを調査することができなかった。藤原京関連のものは道路の東側溝に関わるもの，稗田環濠集落およびその周辺部では道路を横切る河川に関わるものである。道路痕跡として確認できる下津道や「若槻庄土帳」にみられる記載から藤原・平城両京域で行なわれた道代を計算に入れない土地区画とは異なり，道代を計算に入れた土地区画がなされているのも大きな特徴であろう。ちなみに中津道は条里地割りの中に取り込まれている。下津道の大きな道路としての歴史は既述のごとく古代に幕を閉じるが，その後も大和平野を南北に貫く主要街道としてその機能は存続している。藤原道長の金峯山への旅は中津道を通っており，調査事例とも合わせると自然災害の多い盆地中央部に位置する下津道より高い地帯にある中津道のほうがその機能をより長持ちさせたといえるであろう。延久2年（1070）に作成された「興福寺雑役免坪付帳」の中では，池田荘において中津道の所在する坪はすべて九反が水田である。残りの一反は道路敷であったと考えてよいであろう。

文献

『稗田・若槻遺跡発掘調査概報』奈良県遺跡調査概報1980年度，橿原考古学研究所，1982

兵庫県小犬丸遺跡（布勢駅家）

龍野市教育委員会
岸本道昭
（きしもと・みちあき）

古代山陽道に置かれた布勢駅家は，8世紀の後半代になってそれまでの掘立柱建物群から礎石瓦葺建物に変わり，のち次第に荒廃した

1 布勢駅家への道程

これまでの駅家遺跡の研究は，断片的な文献の記載以外に考古学的な実態が不明なままで，ほとんど手がかりがなかった。

ここで紹介するのは，令の規定による唯一の大路，古代山陽道に置かれた「布勢駅家」の考古学的調査成果[1]である。

『令義解』厩牧令第廿三に，「凡諸道須置驛者。毎卅里置一驛……」「凡諸道置驛馬。大路廿疋……（謂。山陽道。其大宰以去。……）」などと記され，また駅の建物は藤原武智麻呂の伝記『家伝』下に，諸駅家を「瓦屋赭堊」としたこと，『日本後紀』巻十三大同元年条には山陽道駅館が「……駅館，本備蕃客，瓦葺粉壁，……」とも記されている。

これらの記述によって，古代山陽道は，都から九州の大宰府に通じ，蕃客に備えるために，瓦葺き白壁で赤塗りの壮麗なものであったことが考えられていたのである。

布勢駅家は，播磨国9駅のうちのひとつであり，『延喜式』巻二十八兵部省，諸国駅伝馬条に「播磨国駅馬，明石卅疋，賀古卅疋，草上卅疋，大市，布勢，高田，野磨各廿疋，……」と記載されている。

これら播磨国の駅家については，1960年代の今里幾次の研究[2]が実質的に嚆矢となる。

氏は古代寺院と瓦出土遺跡の検討から，瓦出土遺跡には寺院だけではなく，瓦葺駅家が含まれていることを示唆した。そしてまた，別の観点から実証的研究を進めた高橋美久二は，播磨国の瓦出土遺跡を再検討し，古代山陽道沿いの瓦葺駅家の存在を確信し，位置を推定し，『延喜式』の各駅家を具体的に考定した[3]（図1）。

小犬丸遺跡は，兵庫県龍野市揖西町小犬丸東村

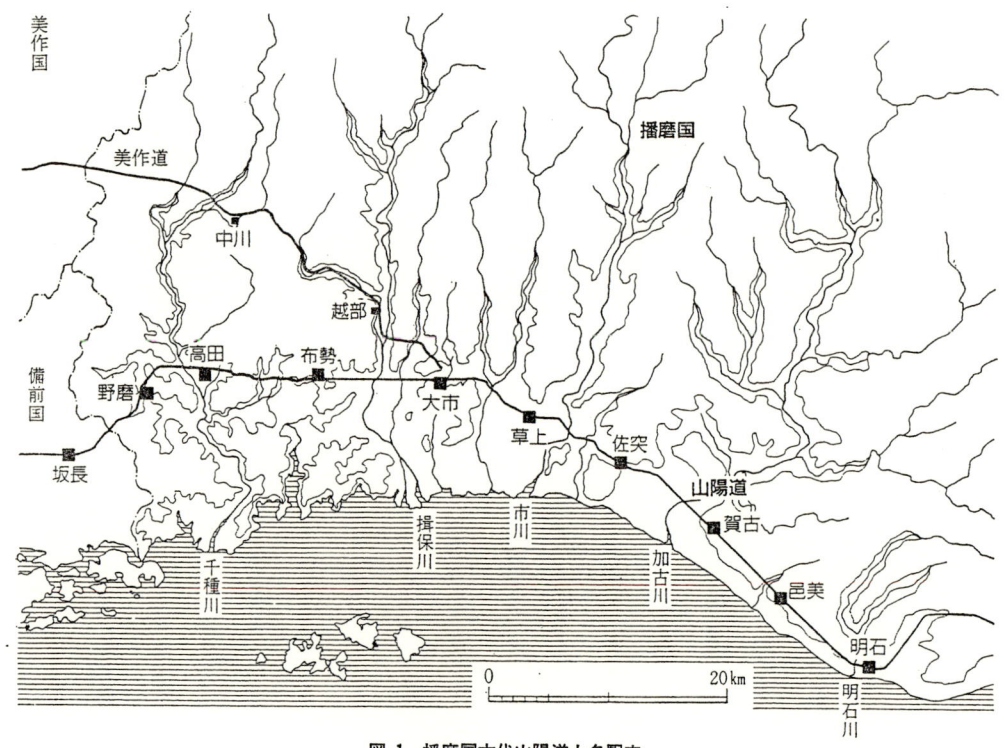

図1 播磨国古代山陽道と各駅家

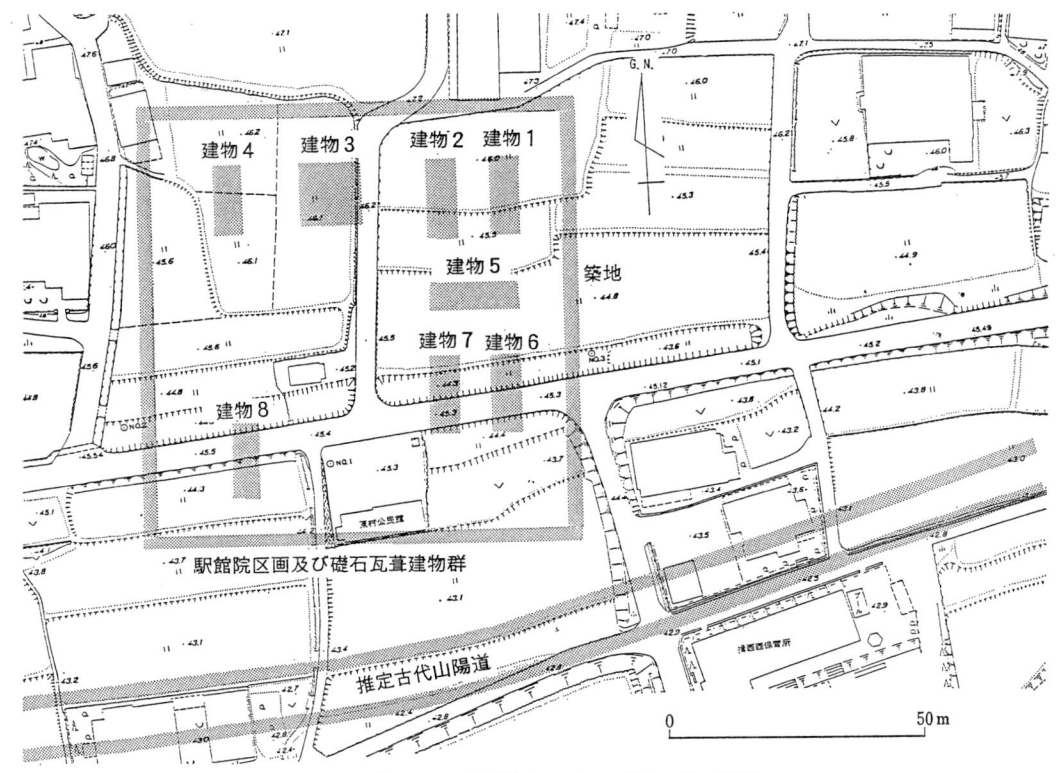

図 2　布勢駅家の全体復原（1993年9月現在の発掘状況）

に所在し，旧播磨国を横断する古代山陽道沿いに置かれた「布勢駅家」と推定されていた。1982年以降，遺跡は行政的な緊急調査および範囲確認調査を受けて，文献で断片的にしか知ることのできなかった駅家遺跡の内容を初めて考古学的に明らかにした記念すべき遺跡である。

　まず，既往の調査によって「驛」と墨書された須恵器，「布勢驛戸主□部乙公戸参拾人……」などと書かれた木簡が出土しており，『延喜式』に記す布勢駅家であることが確定した。また，10年にもおよぶ発掘調査，そして範囲確認調査では，礎石瓦葺建物群で駅館中枢が構成されることも判明しており，その具体的な時期・規模・構造など，全容が解明されてきている。そして，採取された白土，瓦に付着した丹から，文献に記されるとおり駅館建物が瓦葺き白壁赤塗りの壮麗なものであったことが判明したのである。

2　駅館の建物

　現在までに確認された礎石瓦葺建物は，推定も含めると合計8棟である。建物群は，大きく北方建物群4棟と南方建物群に分かれている（図2）。建物はすべて礎石瓦葺建物であるが，いずれも削平が著しく，推定部分も多い。建物の基壇などは不明であり，建物周囲のあちらこちらに多量の瓦が入った瓦溜めが存在している。

　まず北西部には6m離れて並列する2棟の南北棟がある。建物1では北西隅に奇跡的に残った礎石を見ることができる。礎石は，東西に長い平坦な上面を有するもので造作はない。平坦部は東西約1.2m，南北0.45mを測る。他の礎石は，抜取り穴や根石が残る。大半の礎石掘方は，径約1m強の円形ないし楕円形でいずれもほぼ同様の形状である。

　建物1と建物2は同規模・同形態と推定している。南北桁行5間15m，東西梁行2間6mであり，柱間3mで造営尺は50尺×20尺の建物規格であろう。両建物には，周囲四辺に瓦溜めを伴っており，多量の瓦類と土器類が出土した。この瓦溜めは建物の廃絶に伴う整地土坑と考えられ，瓦葺建物の廃絶時期を示すものであろう。

　建物3は駅館の中枢部分に位置する。規模と構造については，現在検討中であるが，柱間2.1m（7尺）が基本となって，東西5間分の規模が推定できそうな様子である。東西棟と考えて，東大寺法華堂のような双堂型式の建物ではないかと推定

される。

建物4は北西部に位置するが，削平が著しく全容は不明である。建物1・2と同程度の規模が想定できる。ただし，建物1・2が切妻構造と考えられるのに対して，建物4はその北東隅の瓦の出土状況から，寄棟か入母屋構造と考えている。

建物1〜4はすべて北側の桁，あるいは梁行が揃っている。

建物5については，未調査部分が多く推定の域を出ないが，瓦溜めの様子から東西棟ではないかと考えている。

建物6・7は建物1・2に対応するかのように主軸を一致させて南側に並立する。調査では，直接的に礎石柱跡が確認できていないが，瓦溜めの様子から推定している。

建物8は，建物1・2と同規模の南北棟である。未検出の建物があるとすれば，建物7と8の間，建物4と建物8の間であろう。

以上の建物の状況は，東西棟建物3を中核として，南北棟が並立するようであるが，非常に計画的な配置構造をとっている。礎石瓦葺建物の建替えについては不明ながら，礎石遺構としては，建替えや建物の平面的重複の様子は看取されない。建替えがあったとしても，同位置同規模で貫徹されたのであろう。

このような建物配置は，国庁や郡衙などの古代役所関係の遺跡でも例がない。わが国初の駅家調査例として，これから参考とすべき類例が増加するのを待つべきであろう。

ところで，発掘調査では礎石瓦葺駅館の検出に意を注いで来たが，駅家遺跡としての官衙や，馬屋，雑舎，倉庫などの確認も今後の検討課題であることは言うまでもない。

3 築　　　地

確認された建物群は，ほぼ 60m 四方の平面に納まるように配置されている。これら当時でも希な礎石瓦葺建物群が，なんら区画施設を持たなかったとは考えにくい。

これまでの調査では，数カ所で築地と思われる遺構が確認されている。もっとも判りやすいのは北東部と東部であり，幅約4mの平坦面とその両側に溝が存在している。これらの溝には，通常多くの瓦片が伴うために，瓦葺築地であった可能性がある。この遺構を築地基底部と考えると，東部

では南北推定 80m に達する。また，東西では駅館中央付近を横切る調査区で，西端の築地遺構？と東部の築地遺構を結ぶ距離はやはり約 80m を測る。北部でも北方建物群から北へ約 10m 離れて溝が東西に延びている。

これらの遺構を積極的に評価すると，駅館建物群は約 80m あまりの正方形築地区画に囲まれて院を構成し，駅館院と呼ぶべき駅家中枢の姿が浮かび上がるのである。

ただし，四方すべてが築地であったかどうかは判然としない。北側などは簡略な柵であった可能性もある。

4　第1次の布勢駅家（初期駅家）

礎石瓦葺建物の駅館院以前，その1層下にも遺構が広がるという事実がある。部分的に掘り下げを行なってその実態把握に努めている。これを下層遺構と呼んでいるが，ほとんど柱穴と思われるもので，掘立柱建物を構成する，あるいは想定できる並びは現在8棟分ある。既往調査区を含めて2×3間以上の建物3棟，1ないし2間分の並びが2ヵ所，柱間2間分を1ヵ所，2？×5間の建物が1ヵ所ある。また，1993年度の調査では駅館南西部に3間×7間以上の大きな南北棟建物が検出された。直径1m以上の巨大な掘方を持ち，柱痕跡径は 25cm を測っている。

これら建物は，すべて東西棟か南北棟で，整然と配置されている。重複があるため，数時期におよぶ建替えが認められる。これら建物の柱間は，概ね 1.7m と 2.1m の二者に分れる。建物配置の原則についてはまだ不明であるが，計画的な様子が読み取れる。

これら下層遺構が駅家とまったく関係のない遺跡であるとは考えにくく，礎石瓦葺建物の駅館成立以前に，掘立柱建物による駅家遺構があったと考えたほうがよいであろう。その時期は，8世紀前半以前と推定され，このことは，上郡町落地遺跡の掘立柱建物，推定野磨駅家[4]と合致しているのではなかろうか。つまりこの遺構群は，古代山陽道の礎石瓦葺駅館の成立前夜，第1次の駅家（初期駅家）の姿であろうと考える。

その後，初期駅家は廃棄され，整地が行なわれている。礎石瓦葺建物はその整地層の上に建てられているが，前代とは規模・配置共に一新し，まったく違う駅館に生まれ変わっている。これが大

改修された第2次駅家であり，礎石瓦葺駅館院の姿であると思われる。

坂本太郎の研究[5]による『続日本紀』「為造山陽道諸国驛家……」にあたる事実，すなわち「置駅」でなく「造駅」にあたる大改修工事を物語る考古学的事実であろう。

5 出土遺物

駅館院内部からは，建物の特殊な機能を物語る遺物はほとんど出土していない。官衙遺跡に通有の硯や墨書土器なども存在しない。

特殊な遺物としては碁石・銅製帯金具が1点ずつある。8・9世紀代の須恵器・土師器とともに緑釉・灰釉・越州窯青磁などがわずかにある。他の大半の遺物は，瓦溜め内部の大量の瓦であり，10〜11世紀代の土師器である。墨書や木簡は駅館から東方150mの地点で出土している。

駅館であることの特殊な性質を示す遺物が明瞭でないのは，駅家廃絶後に徹底的な整地と中世の再開発が行なわれたためなのか，駅館とはそういう性質のものなのか議論が必要な問題であろう。

瓦は現在のところ播磨国府系瓦，続播磨国府系瓦，私立寺院系瓦など3系統，数型式がみられる。圧倒的に多いのは古大内式と呼ばれる型式で，播磨国古代山陽道9駅のうち，すべての比定遺跡で確認される瓦である。これが礎石瓦葺駅館の創建時の軒を飾ったことは疑いない。その他の瓦型式は量的にはわずかで，建物の補修に用いられたとすべきであろう。古大内式軒平瓦の凸面には，丹を付着させるものがあり，建物が赤塗りであったことが判る。また調査中には含水ケイ酸アルミニウムを主成分とする白土（カオリナイト）を採集しており，駅館が礎石瓦葺赤塗り白壁の建物であったことも遺物が教えてくれたことである。

6 布勢駅家の考古学的年代

先にも述べたように，布勢駅家はまず第1次駅家として掘立柱建物群から出発したようである。その時期は，7世紀後半から8世紀前半代に考えられる。少ない遺物と状況証拠がそれを物語るが，この点はもう少し調査が必要である。

第2次駅家として，礎石瓦葺建物による駅館院が造られるが，その時期は創建瓦を伴って出土した土器類から8世紀後半代を考えている。今里幾次[6]によれば古大内式瓦は8世紀末を遡らないと

いう。その後，9世紀以降は幾度かの補修を受けながら駅館は維持されたようであるが，律令体制の崩壊過程で荒廃は免れなかった。維持管理の困難を訴える『日本後紀』の記事（806年），地震災害を示唆する『日本三代実録』の記事（868年），毒蛇の巣食う山駅＝野磨駅の荒廃ぶりを伝える『元亨釈書』『今昔物語集』の説話（1100年代）や，穀倉院領へ移管される（10世紀末ごろ？）小犬丸保『続左丞抄』の記事（1197年）が文献に知られる。

一方考古学的にも，瓦溜めから出土する土師器類の時期が，11世紀代前半を示し，出土する瓦のもっとも新しい型式が10世紀末から11世紀初めとされている。これらのことから，11世紀代には瓦溜めが形成される様子であり，少なくとも駅館院内のいくつかの建物が倒壊し，瓦礫として片付けられる運命にあったことを物語っている。

7 古代山陽道と布勢駅家の関係

さて，古代山陽道と布勢駅家の関係であるが，1985年度の調査で出ている道路遺構は，そのまま西へ延長すると駅館に当たってしまう。そこで現在も残る旧県道を古代山陽道の痕跡と考えてみる。この説を取ると，等高線に沿う形で駅館の南を迂回しており，なんらかの形で道路遺構が確認されることが期待されているのである。この考えでは，『播磨国風土記』にも登場する東の峠，琴坂から下ってきた山陽道は，布勢駅家造営計画のために南へ迂回するコースに設定されたと言えなくもない。短いながら山陽道から駅館へ延びる通路もあったかも知れない。

註
1) 森内秀造ほか『小犬丸遺跡I』兵庫県教育委員会，1987，山下史朗ほか『小犬丸遺跡II』兵庫県教育委員会，1989，岸本道昭ほか『布勢駅家』龍野市教育委員会，1992など
2) 今里幾次『播磨国分寺式瓦の研究』1960，「山陽道播磨国の瓦葺駅家」『兵庫県の歴史』12, 1974など
3) 高橋美久二「播磨国の古代駅家」『FHG』1968，「古代の山陽道」『考古学論考』平凡社，1982など
4) 荻 能幸「落地遺跡発掘調査概報」古代交通研究，創刊号，1992
5) 坂本太郎『上代駅制の研究』1928
6) 今里幾次「龍野市小犬丸遺跡の古瓦」『布勢駅家』前掲
（補註）1992・1993年度の調査成果は，近く刊行される『布勢駅家II』を参照されたい。

兵庫県落地遺跡 （初期野磨駅家推定地）

上郡町教育委員会
■ 荻　能　幸
（おぎ・よしゆき）

落地遺跡では野磨駅家跡と推定される奈良時代の掘立柱建
物群と，その正面を横切る古代山陽道の一部が検出された

1　遺跡の調査

　落地遺跡は，兵庫県西端の赤穂郡上郡町西部，船坂峠手前の落地の集落内に位置する。

　本遺跡の地点では平成元年10〜11月に県道姫路上郡線の改良拡幅工事に先立ち，兵庫県教育委員会による全面発掘調査が行なわれ，古墳時代末から律令期にかけての遺物・遺構が確認されている。

　翌平成2年2月には圃場整備事業に先立ち，上郡町教育委員会が試掘確認調査を行なったところ，やはり同時期の遺物・遺構が確認されたため，平成2年度6〜2月にかけて，試掘調査範囲を含む約5,400m² の範囲で全面発掘調査を実施した。

　その結果，出土須恵器の編年などから奈良時代の官衙跡とおもわれる掘立柱建物群と，道路跡とおもわれる2〜3条の側溝群が対になって検出された。これらの遺構は，遺物や規模，歴史的環境などから，古代山陽道「野磨駅家」の政庁跡を含む建物群と，その正面を横切る古代山陽道の一部と推定される。

2　歴史・地理的環境

　本遺跡の所在地である落地は，近年の歴史地理学の成果によって，古代の都と太宰府を結ぶ山陽道の通過地点と推定されており，10世紀の『延喜式』に記載のある「野磨駅家」の比定地に挙げられてきた。

　本遺跡の東北約300m の谷筋に位置する「落地廃寺」遺跡は，礎石・古瓦が散布することから当初寺院跡とみられていたが，採集された古瓦が本町式，古大内式など，編年上9世紀前半に位置する播磨国府系瓦と確認されたことから，今里幾次氏や高橋美久二氏らによって「野磨駅家」跡に比定されるようになったが，これまで本格的な調査は行なわれてはおらず，詳細は不明である。

　本遺跡の東南，県道姫路上郡線の拡幅部地下から

らは，平成元年の兵庫県教育委員会による全面発掘調査の際，住居内の出土遺物から古墳時代末（7世紀前半・中頃）とみられる竪穴住居2棟や，同時期以降の可能性がある掘立柱建物3棟などの遺構と，須恵器，土師器，鉄斧，古大内亜式（9世紀半ば）の軒丸瓦などの遺物が確認されており，遺構は官衙・道路遺構に，時期的に先行あるいは平行するものとみられ注目される。

3　遺　構

　本遺跡の土層状況は，概ね以下の通りである。
　　第1層　黒褐色粘質土（水田耕作土）
　　第2層　暗灰色粘質土（水田床土）
　　第3層　赤褐色粘質土（遺物包含層）
　　第4層　暗灰褐色粘質土（遺物包含層・遺跡東南部，県道沿い）
　　第5層　暗灰褐色砂質土（遺構面・遺跡東南部，県道沿い）
　　　　　　黄褐色粘質土（遺構面・遺跡西北部）
　　　　　　黒色褐粘質土（遺構面・遺跡西端の溝内埋土）

　遺構の存続していた時期の旧地表面は，水田開墾時に削平されたものとおもわれる。

　遺物は主に第3，4層中より出土したほか，第5層遺構面中の柱穴，溝その他の土壙からも出土している。出土遺物中の須恵器の編年などから，遺構の存続期間は7〜8世紀と推定される。

　本遺跡の主な遺構は，遺跡中央部を東北から西南にかけて断続的に，ほぼ平行してはしる，道路遺構の側溝跡とみられる2〜3列の溝群と，それに沿って建ち並んだ何棟もの掘立柱の建物群と，柵（もしくは塀）跡などの建物遺構をかたちづくる柱穴群からなる。

　溝群は，いずれの列もほぼ直線的に並び，深さは約10cm 程度で非常に浅い。そして，遺跡東北部から中央部にかけて，北側では断続的にだが，幅約10m の間隔で2列平行に並び，西南部の後述する「官衙政庁」跡の正面では最大で約20m

落地遺跡遺構配置図

の間隔にまで広がっている。また，溝群にはさまれた区域内には建物遺構はみられない。

　以上の点から，これらの溝群は，幅約10〜20mの直線道路両脇の側溝底部と推定される。道路遺構の上部構造は，水田開墾時に削平されたものとおもわれ，検出できなかった。

　中心的な建物遺構として，遺跡西部，道路遺構西北側に，四囲を縦約23m，横約30mの柵（塀）で囲まれ，道路遺構に面した正面柵（塀）に門が構えられ，柵（塀）内には正殿・両脇殿とおもわれる，門に向かって凹状に掘立柱の建物を配した建物群が確認されている。東脇殿に当たる建物は一度東にずらして建て替えてある。

　またこの建物群の東北方向，遺跡北部にも，5棟以上の掘立柱建物群がみられる。

　これらの遺跡北・西部の建物群のうち，柵（塀）を除く掘立柱建物の柱穴の中には，直径80cm前後の円形もしくは方形のプランをなすものや，柱の抜き取り痕や柱穴底部のさし込み壙，柱の一部さえ残っているものも確認された。

　柱間寸法や方位，建物配置も規則的で，とくに道路遺構に対してほぼ平行な建物の方位や，それに面した門，柵（塀）の配置などから，これらの建物群の築造の際，道路遺構に対応するように，

かなりの規制が加えられたことが窺われる。

　また，須恵器の硯や転用硯（杯蓋）などの筆記用具が，建物遺構上面の遺物包含層中や建て替え後の「東脇殿」柱穴内より出土している点も考慮すると，これらの建物遺構は官衙跡か，それに準ずる豪族の館跡と推定される。そして，とくに遺跡西部の中心的な建物遺構は，官衙の政庁跡，もしくは館の中心部とみることができる。

　道路遺構の東南側，県道沿いの発掘区域からも多くの柱穴，土壙や，須恵器をはじめとする遺物が検出されており，東南に隣接する兵庫県教委の調査した遺構と関係する可能性がある。水田開墾時の削平のせいもあってか，建物遺構は掘立柱建物が4棟，柵が3列確認されているのみである。なお，建物遺構の方位はいずれも道路遺構にほぼ平行である。

4　出土遺物

　遺物は，主に遺物包含層である第3・4層中と遺構面内の幾つかの土壙中，そして柱穴，溝内からも若干検出された。

　遺物の多くが須恵器で，ほかに甕などの土師器片や瓦片が数点確認されたのみである。

　出土した須恵器の器種は，杯身・杯蓋・高杯・

硯・紡錘車などからなり，編年上は陶邑II型式6段階・III型式・IV型式1〜2段階（約7〜8世紀前半）に対応する。特徴的な須恵器として，硯や杯蓋の転用硯，線刻や墨書（火䙴か？）の痕のみられるものなどがある。

転用硯の杯蓋は編年上陶邑IV型式1〜2段階（8世紀前半）に対応し，「官衙政庁」跡の東脇殿にあたる建物の柱穴内より出土していることから，建物の廃絶時期を示す重要な資料といえる。

遺跡東部の道路遺構の西北脇より，かなり磨耗した状態の軒平瓦の破片が1点検出された。磨耗により凹面・凸面の布目や叩き目は観察できないが，瓦当面の范型の一部が残っており，唐草文と珠文帯の間を区画する隆線文がみられず，播磨国府系瓦の古大内式の亜式（9世紀半ば）の文様と一致する。

遺跡内に礎石建物遺構が確認されず，また「落地廃寺」遺跡から古大内式，本町式などの播磨国府系瓦の瓦片が幾つも採集されていることから，何からの経緯で「落地廃寺」遺跡より流入してきたものとおもわれる。

5 まとめ

以上，遺構と遺物から調査の概要を述べてきたが，歴史・地理的環境とあわせて現状での遺跡の性格についての所見をまとめてみる。

まず道路遺構についてであるが，幅約10m の大規模な直線道路（しかも東北，西南の延長線上は一方が峠の尾根鞍部で，もう一方が丘陵端をかすめるようになっており，地形を意識して直線道路がさらに延びていたことが窺われる）である点と，それに面して官衙的な遺構を配する点，さらには近年の歴史地理学の成果により，遺跡の所在地が古代山陽道の通過地点とみられることなどから，この道路遺構は古代山陽道跡と推定される。

次に建物遺構についてであるが，前述した官衙的な遺構は，官衙もしくは郡司・里長など豪族の館跡ともみられるが，郡や里，郷（10世紀の『和名抄』に「野磨」郷の記載）の中心地から西に寄り過ぎている上，地形も狭隘で，大規模な水田耕作や集落の形成に適しておらず，郡衙や豪族の館跡と考えるにはやや無理がある。一方，古代山陽道跡と推定される道路遺構との関係や，遺跡の所在地が「野磨駅家」の比定地である点から，これらの建物遺構は「政庁」跡を含む「野磨駅家」の一部

とみる方がより妥当とおもわれる。

建物遺構の一部を「野磨駅家」跡とみた場合，その存続期間は，出土須恵器や県教委の調査した竪穴式住居の推定廃絶時期，「政庁」跡東脇殿柱穴内の杯蓋転用硯などから，7世紀後半〜8世紀前半と推定され，これらの建物遺構のすべてが掘立柱建物跡であることからも，古代山陽道沿いの駅家が瓦葺化するといわれる8世紀前半以降に先立つ初期の駅家遺構に想定することができる。

そして瓦葺化の際，駅家の中心的な施設は，播磨国府系瓦の採集される「落地廃寺」遺跡の位置に移されたとみることもできる。

しかしながら，全国的にも駅家跡の発掘調査例は少ない上，本遺跡の調査成果の現況では，「駅」，「馬」などの記載のある墨書土器や木簡などの確定的な資料が未発見のため，駅家跡と即断はできない。

調査の結果，遺構面は保存されることになり，遺跡とその周辺地域の圃場整備事業は終了したが遺跡周辺の今後の調査によってなお一層の遺跡の性格の解明が期待される。

参考文献

今里幾次「山陽道播磨国の瓦葺駅家」『播磨考古学研究』今里幾次論文集刊行会，1980

高橋美久二「古代播磨国の駅家」『今里幾次先生古稀記念播磨考古学論叢』今里幾次先生古稀記念論文集刊行会，1990

渡辺　昇・村上泰樹・久保弘幸『落地遺跡』兵庫県文化財調査報告第90冊，兵庫県教育委員会，1991

古代交通研究会

古代交通研究会は，古代交通研究関係諸学の交流や共同研究を目的として，1992年に発足した。機関誌『古代交通研究』（年1冊）を発行し，年1回の大会を開く。入会希望者は官製はがきに①氏名・ふりがな，②郵便番号・住所，③電話番号，④所属，⑤専攻分野を明記して下記に，会費年額3,000円を郵便振替（東京 0-705792 古代交通研究会）で送ること。

〒150 東京都渋谷区東 4-10-28　国学院大学文学部　地理学研究室気付　古代交通研究会。

栃木県寺野東遺跡

構成・写真提供／㈶栃木県文化振興事業団
埋蔵文化財センター

環状盛土遺構

寺野東遺跡航空写真　右側は田川・鬼怒川低地

栃木県小山市の台地上に位置する寺野東遺跡には，環状に巡る土塁状の高まりと窪地があ
る。調査を進めたところ，この高まりは縄文時代後・晩期に人為的につくられたものであ
ることが判明した。盛土中からは，多量の土偶・耳飾りなどの特殊遺物とともに，日常什
器である土器や石器・礫も多数出土している。

環状盛土遺構全景　　　環状内部の窪地は，累積的な削平行為の結果形成されたもの。
右側の住居群は中期集落で，盛土の部分まで北側にのびる。

環状盛土遺構　正面には盛土上につくられている古墳がある。

環状盛土遺構　尾根上に盛土が連続する様子および斜面部の盛土断面

台地平坦面における盛土の断面　盛土中には削平部分より運んだローム・鹿沼軽石と焼土が見える。

盛土中の遺物出土状況　左は焼土ブロック中より異形土器が出土している状態。右は耳飾りが対で出土した例の一つ。

栃木県寺野東遺跡

水場の遺構（南より）　台地斜面を竪穴状に掘り込み，このうちの北側には平坦面をもつ。南側から谷底にかけては一段下がり，ハの字状に開きつつ緩やかに傾斜している。谷底では土器および礫が敷き詰められたかのような状態で出土する砂礫層があり，この層中よりクルミ，ヤマブドウ，ニワトコなど多種の木の実が多量に出土している。遺構の時期は称名寺式期で，堅果類の処理など水を利用するための施設と考えられる。

大知波峠廃寺跡遠景　東より（平成 4 年度調査）

平安期の礎石建物跡が発見された
静岡県大知波峠廃寺跡

構　成／後藤建一
写真提供／湖西市教育委員会

10世紀ごろから12世紀初めにかけて存続する大知波峠廃寺跡は，静岡県と愛知県の県境となっている南北に連なる山脈の尾根に位置する。尾根と盤石に囲まれたおおよそ 3.7 ha の範囲に，池跡を中心に礎石建物跡が配されている。良好な遺構保存状況で，礎石の大半が確認されている。出土遺物には，多くの灰釉陶器・墨書土器・緑釉陶器・木製品・金属製品がある。

礎石建物跡ＢⅠの石垣　南西より（平成 3 年度調査）

静岡県大知波峠廃寺跡

礎石建物跡ＢⅠの礎石配置　北東より（平成３年度調査）

礎石建物跡ＢⅡの礎石配置　西より（平成４年度調査）

礎石建物跡Ｅ（手前）と礎石建物跡Ａ　南東より（平成５年度調査）

出土した墨書土器
「寺」「有万」「御佛供」
「大□寺」など
（平成３年度調査）

縄文時代の環状盛土遺構——栃木県小山市寺野東遺跡

（財）栃木県文化振興事業団埋蔵文化財センター・小山市教育委員会

1 遺跡の概要

　寺野東遺跡は栃木県南部小山市の南東に位置し，その南隣は茨城県結城市との県境に当たる。遺跡は，鬼怒川支流の田川右岸に延びる「宝木台地」の東端に所在する。遺跡東側は田川・鬼怒川低地に面する崖となっており，崖下には近世に掘削された吉田用水が南流する。標高は約 43 m で，遺跡東側の低地水田面との比高は約 5 m である。

　調査は（仮称）小山東部工業団地造成に伴うもので，約 15 ha の区域を平成 2 年 9 月 1 日から調査しており，平成 5 年度現在継続中である。

　本遺跡は旧石器時代から平安時代までの「複合遺跡」であり，7 ヵ所の旧石器時代遺物集中区，県内有数の規模となる古墳時代前期集落跡，横穴式石室採用時期前後の群集墳，周囲の区画溝に伴う奈良時代住居跡なども注目されている。縄文時代では，これまでに中期前半から後半にかけての集落（住居跡76軒），後期初頭から後半の集落（住居跡36軒）があり，とりわけ後期初頭では，台地から谷部斜面を削って作られている水場の遺構も検出されるなど，貴重な成果をあげている（図 1 ）。

2 環状盛土遺構の規模・形状（図 2 ）

　調査区のほぼ中央を南北に走る谷の東側，台地平坦面から谷にかかる斜面にかけて，外径南北約 165 m，幅約 15〜30 m の盛土が半周する。東側は川の侵食と吉田用水の掘削によって台地がカットされており，縄文期環状盛土遺構の高まりもその際に削られているようである。

　環状中央の窪みと半円形に巡る土塁状の高まりは現地形上でも確認できる。当初これは自然地形とも考えたが，盛土部分南端の面的調査（平成 4 年度調査区）とトレンチ調査の結果から，縄文後・晩期に断続的に形成されたものと判断した。

　盛土は平面的に，4 つのブロックに分けることができる。南側の盛土ブロックは，尾根状の高まりを最も良く確認できる。各々の盛土ブロックの間は谷状に低くなり，古墳時代の火山灰を含む黒色土が堆積している。また，環状にめぐる盛土範囲の内側は，盛土行為を行なう際の削平部分となる。出土遺物から見た各盛土ブロックの形成時期は，重なりがあると同時に，形成過程に若干の違いも予想されるが，現段階では明らかではない。

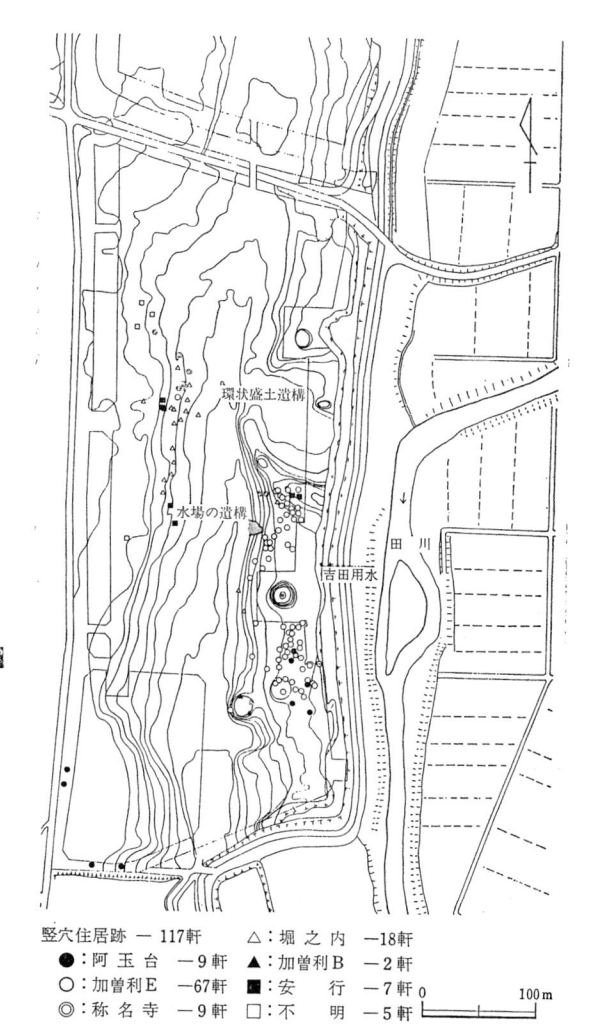

堅穴住居跡 — 117軒　　　△：堀之内 —18軒
●：阿玉台 — 9軒　　　▲：加曽利B — 2軒
○：加曽利E —67軒　　　■：安　行 — 7軒
◎：称名寺 — 9軒　　　□：不　明 — 5軒

0　　　　　　100 m

図 1　寺野東遺跡縄文時代遺構配置図

　環状中央やや北よりの場所に，大きさ 18×14 m の不整楕円状の台状遺構がある。本来削平の場であるが，ここは削り残されて台状の高まりとなっている。地山の鹿沼軽石層より少し上の層上面で 5〜10 cm の礫を使用した石敷がある。

3 盛土の堆積状況

　環状に配される高まりの堆積土層は，断面観察から大きく「上部層」「下部層」の二つに分けることができる。

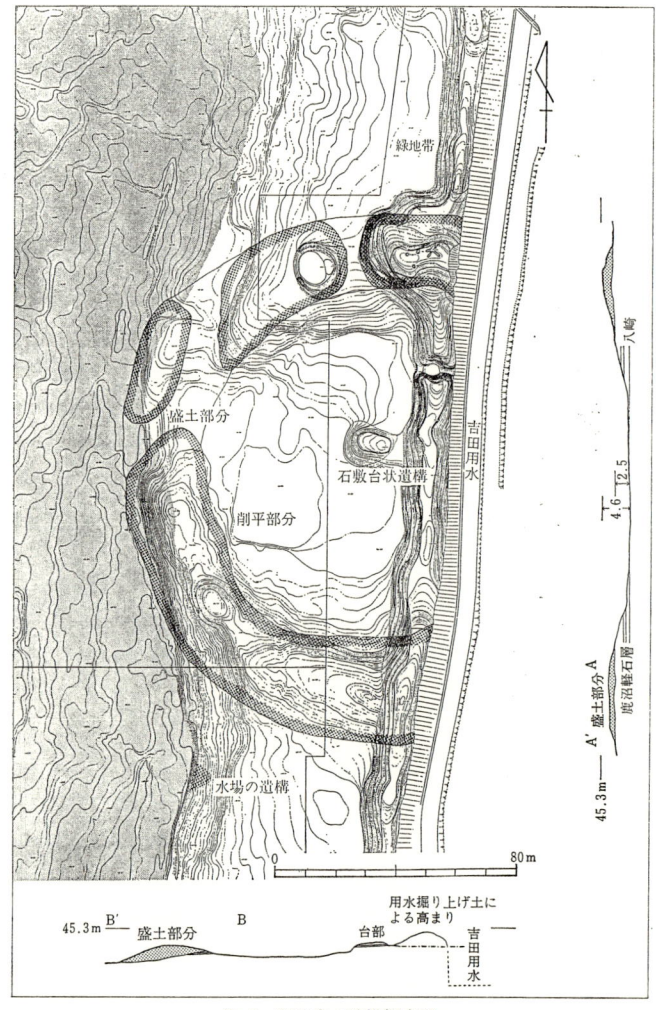

図 2 環状盛土遺構概念図

4 環状盛土遺構内の遺構

盛土中の遺構として,「上部層」中では後期安行式期の埋甕2基および柱穴数基を検出している。「下部層」中もしくは盛土下部において,後期前半と推定できる配石遺構と竪穴住居跡・炉跡を確認している。

盛土範囲内側は,鹿沼軽石層下のローム層まで削平が及んでいる。この部分からは,縄文晩期の包含層および多数の小穴が確認されている。この小穴群について,今後の調査・検討によっては,掘立柱建物跡や住居跡を想定することもできよう。この小穴よりは,晩期中葉の土器小片が出土している。

5 遺 物

盛土中よりの土器・石器,礫の出土量は極めて多い。土器は大形破片が集中して出るような部分もある。出土土器では,在地系統のものが主体を占めるが,東北系や関西系の土器も出土している。石器は磨石・石皿や打製石斧のほか,礫石錘の出土量が極めて多い。

異形土器や耳飾りなどの「特殊遺物」は,焼土ブロック上面あるいは近辺に集中する傾向がある。対の耳飾りが 10 cm 程度の距離をおいて出土した例が3例ある。盛土中よりは多量の耳飾り,土偶とともに,土面や鹿角製かんざしなども出土している。環状内部の削平部分包含層中よりは,石剣,独鈷石,土版などが出土している。

「自然遺物」としては,クリの炭化材が黒色土中で,クリの実の炭化したものが盛土上面で出土している。また,環状盛土遺構西側の低地部分トレンチ砂礫層中よりは,多量の土器片,礫とともに,多数のクルミが出土している。

6 小 結

この環状盛土遺構は,堆積土の観察や遺物出土状況から,かなり長期間にわたって形成されたもので,とりわけ後期後半安行1式期に盛土行為の盛行が推定できる。後期前半については,谷を隔てた対岸にも集落が展開しているが(図1),「上部層」形成時期の遺構は,現在のところ多くはない。

環状盛土遺構の性格,機能については,現段階では不明な点が多く,今後の詳細な検討を必要とする。ただし,貝塚を含め類似する遺構も認められることから,縄文後・晩期の集落,集団関係の構造などを考える上で,本遺構は新たな視点を提供するものといえる。

堆積土下部にある骨・炭化物の多い茶褐色土および,谷部に形成されている骨・炭化物の多い黒色土両者を「下部層」として分類する。これより上位にあってローム質の褐色土が目だつ部分を「上部層」とする。層中の遺構や出土遺物から,「下部層」は概ね後期前半から後期後半,「上部層」は後期後半から晩期前半に形成されたものと考えている。とりわけ,谷斜面にかかる地点では安行1式期の厚い層形成を窺うことができ注目されよう。

台地平坦面における「上部層」は,ローム質の褐色土と炭化物の多い黒色土が交互に堆積するパターンを基本とする。また,これらの層間に 1〜2m の面的広がりをもつ焼土層の入る場合がある。一方,谷斜面部では,ローム質褐色土主体の「上部層」が谷の奥へ向かって順次形成されている。骨片,骨粉(イノシン・ニホンジカ)はほとんどの層中で認めることができるが,とりわけ黒色土および焼土層中に多い。

平安後期の山岳寺院——静岡県湖西市大知波峠廃寺跡

後 藤 建 一　湖西市教育委員会

1　遺跡の位置

東京と大阪のほぼ中ほどに浜名湖があり，その西岸地域に静岡県最西端の湖西市が所在する。大知波峠廃寺跡が位置している湖西市北西部の弓張山脈（八名山地）は，赤石山系の最も南に位置する山脈で，南北の主尾根は標高 450 m から 320 m へと徐々に低くし，東西方向に支尾根を延ばしている。主尾根は静岡県（遠江）と愛知県（三河）の県境となっている。静岡県側標高 350 m ほどの尾根近くにある廃寺跡は，北側と西側を主尾根で囲まれ南側には岩塊の支尾根が東に延び，ちょうど腕を広げた懐に位置する恰好となる。山は全体に急傾斜であるが，廃寺跡内は緩傾斜となっている。

2　調査経緯

大知波峠廃寺跡が周知の遺跡として扱われるのは意外と遅く，昭和55年発刊の『湖西市文化財地名表』からである。それ以前の文化庁や静岡県の遺跡地名表には，記載されていない。池や礎石の一部が露出していたので，山仕事をする地元の人々には昔より知られていたが，古文書や伝承は残されてはいない。最初の調査は，昭和61年静岡県史関連調査に始まる。調査は，それまで確認されていた池跡と礎石の実見を目的とした。以後，湖西市教育委員会では数回にわたり現地踏査を行ない，新たな礎石建物跡を発見した。昭和63年には廃寺跡の半分ほどを下草刈りし，礎石建物跡以外にも人工の平坦面を数カ所確認している。

昭和63年に，愛知県の石巻山から延びる林道に作業道を接続させた第二電々の中継所が廃寺跡に隣接する尾根に建てられた。この施設は廃寺跡の中には位置していないが，愛知県側のそれまでの峠に至る細々とした道から，自動車の通過できる道を新たに敷いたので，大勢の人々を容易に導き入れることができるようになった。さらに，静岡県側でも中腹に林道敷設が進み，今後両方より人の出入りが激しくなり，廃寺跡の保存状況の悪化が予想されることとなった。このため保護保存の施策を講ずる必要が生じた。とはいえ，廃寺跡の現地資料が皆無であったので，確認調査を実施することになった。

3　調査経過

確認調査は平成元年度より，踏査と百分の一と五百分の一の地形測量図を作成することから開始された。遺跡名称については，廃寺付近の峠を大知波峠と呼んでいるので，奥多米廃寺や知波田廃寺と一定していなかった名称を「大知波峠廃寺跡」と統一した。寺院名はいまだに不明であるので，この名称は判明するまでの仮称である。平成2年度の調査は，礎石建物跡 B I を発掘している。建物の配置を確認するため，礎石列については全域を掘り下げ，平坦面の範囲確認についてはトレンチを配する方法とし，320 m² の面積を調査した。周辺の踏査により新たな礎石建物跡 D を南小尾根の南斜面で発見した。平成3年度の調査は，礎石建物跡 B I の全掘と池跡の一部，330 m² の面積を行なった。平成4年度の調査は，礎石建物跡 B II と段状遺構・池跡の確認で 764 m² の面積，補足測量を行なった。平成5年度は，礎石建物跡 A，E，D を実施している。今後は，平成6年度に礎石建物跡 C と補足調査を行ない終了の予定である。[1]

現地は交通不便な場所なので，説明会を兼ねたハイキングやリーフレットを発刊し，現地を訪れる見学の便を図っている。

4　調査概要

現在までに廃寺跡の時期を示す史料は検出されていないが，出土した灰釉陶器の年代から10世紀後半から12世紀初頭頃までと考えられる。廃寺跡の範囲は，尾根と周辺に巨岩が見られるところから，これらを榜示と見做すとおよそ 3.7 ha の面積となる。

礎石建物跡は現在，A・B I・B II・C・D・E の6棟が確認されている。その他に可能性のある箇所は，No. 1〜No. 10 の平坦面にあると考えられる。遺構の配置は，池跡を中心として北側に礎石建物跡 B I・B II，西側に礎石建物跡 A，南側に礎石建物跡 E が配置され，「コ」の字状に池を取り囲んでいる。これらに取り付いて，礎石建物跡 C・D が南北に存在している。すべての礎石建物跡は，岩盤を削平し平坦面を設けて建てられている。さらに整地土が流れないように，前方には石垣を巡らす礎石建物跡 A・B I・C がある。これらの建物で礎石建物跡 A・B I・B II・C・D は概ね方位に沿って建てられているが，礎石建物跡 E の方位は異なっている。視界は，標高を概ね同じとする礎石建物跡 A・B I・B II・C・D は通覧できるが，南尾根を越えいずれよりも

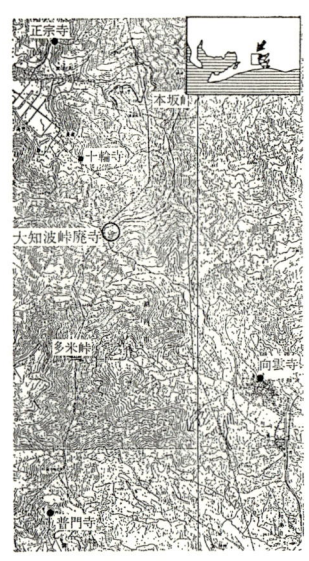

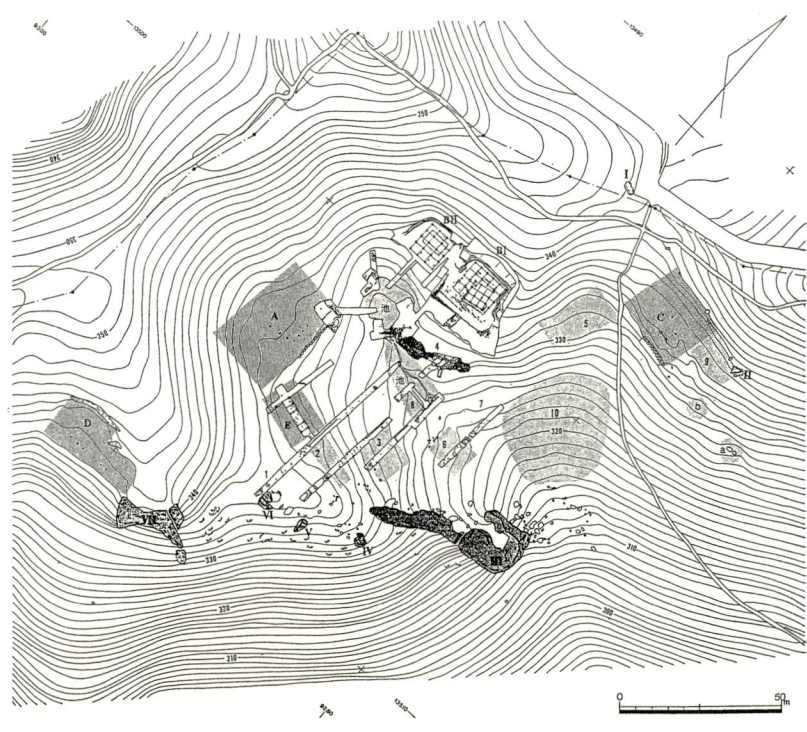

遺跡の位置と遺構全体図

標高の高い礎石建物跡Dは望めない。廃寺跡の東には大きく開析した谷があり，浜名湖そして遠江が一望される。

　発掘調査により概括の判明している遺構には，礎石建物跡BⅠ・BⅡと池跡がある。礎石建物跡BⅠは平安時代の5間×4間と鎌倉時代の3間×3間の重複からなる。平安時代の末にはほとんどの堂宇は廃絶し，鎌倉時代になって礎石建物跡BⅠの方三間堂が建てられている。創建建物の規模は，三間四面で桁行き柱間は2.4m，梁行き柱間は2.5mを測り，12m×10mの大きさとなるが，前面に孫庇が付く可能性がある。礎石は四方70cm，厚さ30cmの方形割り石で地山を構成する珪石を石材としている。岩盤を浅く削った窪みへ据えている。身舎の北側半分には石積みの須弥壇が確認されている。周辺には岩盤を削り雨落ち溝が配されている。建物前方には石積み基壇が確認され，さらに3mほど離れて石垣が巡っている。石垣の中央に階段を配し，高さは東端の1.2mから西端の2mとなる。基底部で幅20mを測る。礎石建物跡BⅡは，方三間の前面に孫庇の付く，桁行き3間，梁行き4間の平面である。桁行き柱間は3.1m，梁行き柱間は2.4mであるが，孫庇の梁行き柱間は2.7mと広くなっている。そして孫庇部分の梁行き柱間中央に桁行きへ束石が四つ列をなすこと，桁行き礎石では比高差があることから，孫庇部分は板敷と考えられる。方三間部分は桁行きよりも梁行きが長いので横長の平面となっており，中央には礎石四つを取り込んで須弥壇が

設けられている。須弥壇は，石列によって20cmないしは30cm周辺より高くし，桁行きに6.9m，梁行きに4.5mの長方形の平面形となる。須弥壇の回りは1.2m幅の土間の回廊となっている。全面には石垣は巡っていない。礎石建物跡BⅠとBⅡの南前方には巨岩があり，それを境に上下に池跡が広がっている。池跡は2カ所の石堰によって自然の沢を堰止め水を溜めている。上段池跡は，7m四方の範囲に水深40cmとしその後改修されている。下段池跡は，長さ10m，幅4mの楕円形に水深40cmの水を溜めている。池跡は堰の他に，湧水箇所を石で囲った遺構や杭列，割り石積みの護岸が検出されている。出土遺物には，灰釉陶器・墨書土器・緑釉陶器・土師器・鉄釘・木製品がある。灰釉陶器の量は多く，碗と皿が群を抜く多さである。墨書土器は約200点ほど出土し「寺，万，祐，太，珎，十万，千万，有万，加寺，御佛供，施入，阿花」等々があるが，その内の約7割ほどが見込み部位に墨書されている。この比率は他の遺跡に比べ際立って高く，特色の一つとなっている。

　山岳寺院を取り巻く課題は多岐に渡り，今後の調査に残された問題は数多い。

引用文献
湖西市教育委員会『大知波峠廃寺』1990
湖西市教育委員会『大知波峠廃寺Ⅱ』1991
湖西市教育委員会『大知波峠廃寺跡Ⅲ』1992
湖西市教育委員会『大知波峠廃寺跡Ⅳ』1993

縄紋時代史

20. 縄紋人の領域（7）

北海道大学助教授

林　謙作

前回紹介した境A遺跡からは，磨製石斧ばかりでなく，各種の石器や硬玉製品も多量に出土している。ひきつづいて，境Aから出土した石器を紹介しながら，縄紋時代の石器の生産と流通の問題について考えることにしよう。

1. 境Aの石器製作と流通

1-1. 境A遺跡出土の石器

境Aから出土している石器は「中部地方の縄文時代中期以降の拠点的な集落跡で出土する，ほとんどすべての石器を網羅している」といっても過言ではない[1]。ここでは御物石器・石棒・石冠・硬玉製品などの石製品，三脚形・円盤形・楔形など，用途のあきらかでないもの，あるいは出土量の少ない石器はとり上げないことにする。

表1にしめしたように，石鏃をはじめとする各種の石器は，現地で加工がおこなわれている。ただし，打製石斧とスクレイパー[2]の場合には，現地とはいっても，集落のなかではなく，原料をあつめた場所の近くで加工したものと推測されている。これらは，玉石からはぎ取った剝片を素材としており，風化した表面を残す場合がきわめて多いから，一個の玉石からはぎ取れる剝片は1〜2枚で，芯の部分は残核となって，そのまま残されているはずである。しかし，このような残核の出土量は多くはない，ということを石器の分析を担当した山本正敏は指摘している。山本は，おなじ現地性の生産でも，原料を集落のなかにもちこんで加工をおこなう場合（モデルA）と，集落の外の原料をあつめた場所の近くで仕上げたり，素材だけを集落に持ちこみ，成品に仕上げる場合（モデルB）を区別すべきだ，という[3]。

ここで，境Aから出土している石器のなかの搬入品・搬出品の問題をとり上げてみよう。表1にしめしたように，境Aにほかの地域から持ちこまれた，あるいはほかの地域に持ちだされている，と推定される石器は多くはない。搬入品と考えられるものをふくむ器種は，石鏃と磨製石斧，石製

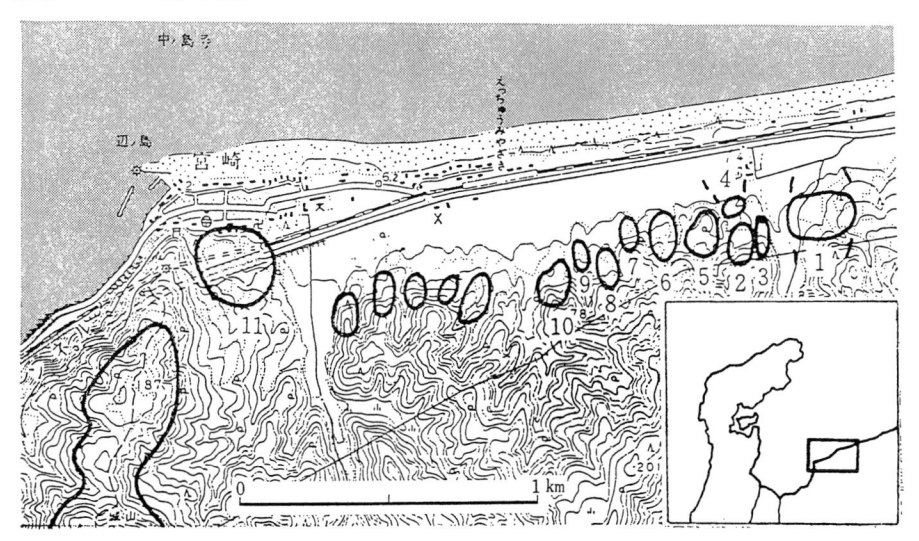

図1　境A遺跡と馬場
　　山遺跡群
　　（註5）に加筆・改
　　変）
1境A
2馬場山D
3馬場山E
4馬場山F
5馬場山G
6馬場山H
7馬場山C
8馬場山B
9馬場山A
10浜山
11上ノ山

	出土量	主要な石材（比率）	未成品	搬出品	搬入品
石　　　鏃	737	玉髄(21.2)，チャート(20.2)，黒曜石(16.6)，珪化凝灰岩(8.6)	やや少い		○
石匙・石錐	119	玉髄(33.6)，鉄石英(14.3)，チャート(11.8)，珪化凝灰岩(9.2)	？		
打 製 石 斧	428	砂岩(44.9)，蛇紋岩(15.9)	少　い		
礫　　　器	231	砂岩(40.3)，泥岩(18.6)，砂質泥岩(14.3)	やや少い		
石　　　皿	22	砂岩(50.0)，安山岩(31.8)	多　い		
磨　　　石	39	安山岩(46.2)，砂岩(35.9)	多　い		
凹　　　石	953	安山岩(41.1)，砂岩(27.5)	多　い		
石　　　錘	339	安山岩(48.4)，砂岩(25.1)	多　い	？	
磨 製 石 斧	36,188	蛇紋岩(>91.1)	きわめて多い	◎	？
砥　　　石	4,225	砂岩(99.9)	多　い		
叩　　　石	4,550	硬玉(47.6)，蛇紋岩(28.0)	多　い		
台　　　石	729	砂岩(59.0)，安山岩(25.9)	多　い		
スクレイパー	636	砂岩(53.9)，泥岩(12.9)	多　い		

品をふくめても，安山岩製の御物石器だけにすぎない。ほかの地域に搬出している可能性のある器種は，実用品では石錘（糸かけの溝を切ったもの）と磨製石斧，非実用品では石棒・石刀（剣）・石冠・御物石器（砂岩製のもの），それに硬玉製品などが，ほかの地域に運びだされている可能性がある。山本も指摘しているように[4]，搬出品のなかには，マツリの用具や装飾品，所持する人物の特別な役割や立場をしめすもの（＝威信財）が目立つ。ここに，縄紋時代の流通の性格のひとつの側面を読みとることができる。

それはともかくとして，これだけさまざまな種類の石器が沢山でているところから，ほかの集落やよその地域に製品を運びだしているとしても，べつに不思議ではない。むしろ，このようなところに，ほかの地域から製品が運ばれているとすれば，そのほうが異常で注目すべきことだろう。境Aによそから持ちこまれている石器——磨製石斧の問題はのちに改めてとり上げることにして，ここでは石鏃について紹介することにしよう。

境Aでは，石鏃の「出土総数に対する未成品の量が少ない印象をうける」。ことに青灰色のチャートをもちいた石鏃には「石核・剥片がやや少ない上に，未成品がほとんどない」し，ハリ質安山岩・輝石安山岩の石核はほとんどなく，剥片も少ない[5]。山本は岐阜・北裏など，これらの石材を利用した石鏃を大量に生産している遺跡から，成品を持ちこんでいるのではないか，という[5]。青灰色のチャートがどのくらいの比率になるのかわからないが，ハリ質安山岩・輝石安山岩製の石鏃は，全体の14.5％になるから，20〜30％前後の石

鏃が，成品のかたちで遠隔地から持ち込まれていることになる[6]。これが事実とすれば，遠隔地産の石材を剥片のかたちで手に入れている仙台湾沿岸[7]とは，事情がかなり違っている。

1-2. 蛇紋岩の石斧・砂岩の石斧

境Aは，この地域の石器・石製品生産のセンターであった。とりわけ，ここで生産された蛇紋岩製の磨製石斧，それに硬玉製品の量は膨大なものである。磨製石斧は成品1,031点，未成品35,157点（表1）で，このほかに原石がある[8]。硬玉製品は，大珠9，管玉11，丸玉281，その他玉類118。原石をふくむ素材は集計の済んだものだけで8,898点，654kgにのぼる[9]。

当然，これらの膨大な量の製品は，地元の住民の必要をまかなうだけではなく，ほかの地域にも運ばれているだろう。山本は，富山東部で生産された蛇紋岩製の磨製石斧は，「北陸地域にはかなり濃密に」，中部・関東地方一円にも「普遍的に」分布しており，「量は少ないかもしれないが近畿地方以西や東北地方にも広がっている可能性」があることを指摘する[10]。前回紹介した堀株の例を考えにいれれば，山本の意見がうらづけられるのは，時間の問題だろう。

たしかに，縄紋時代に非現地性の原料・素材・製品が100kmを単位とする範囲で流通していることは驚くべきことに違いない。しかし，富山県下の磨製石斧の分布には，広範囲の流通というとらえ方では説明しきれない問題がふくまれている。

中期前葉から中葉にかけて，境Aやその対岸にある馬場山遺跡群のある新潟県境よりの地域（こ

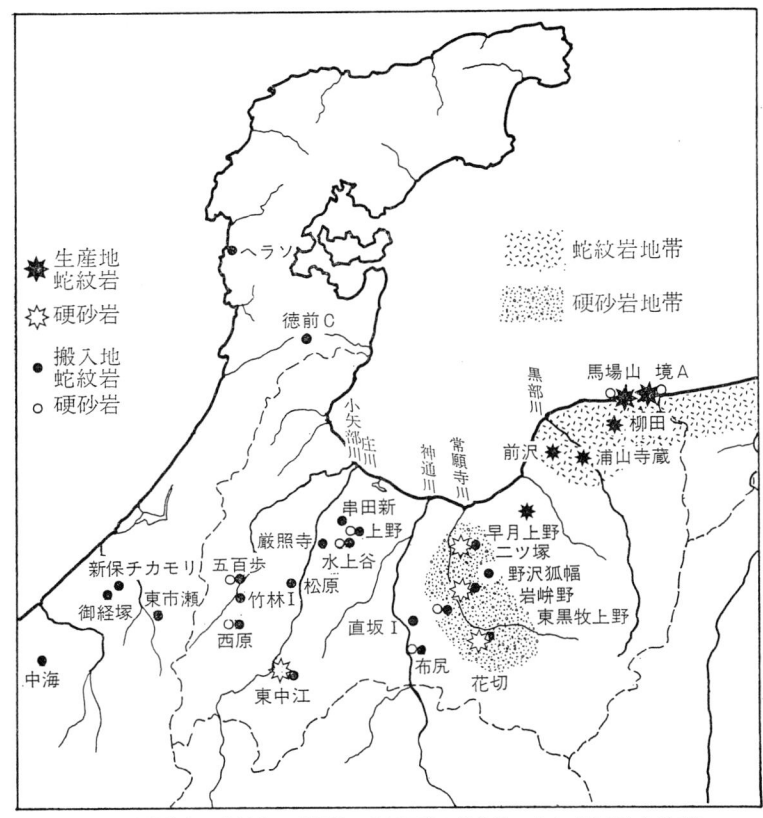

図 2　北陸地方の蛇紋岩・砂岩製の磨製石斧と製作地の分布（註11）を改変

れを黒部川下流—境川流域とよぶ），それより30kmほど西よりの常願寺川流域（花切・岩崎野など）のふたつの地域で，磨製石斧の生産が活発になる。黒部川下流—境川流域では蛇紋岩，常願寺川流域では硬質砂岩を利用する（図2）[11]。ただし，早月上野のように蛇紋岩地帯の周辺にあたる地域では，安山岩・凝灰岩などを利用したものの比率が高くなる傾向があるし[12]，常願寺川の西 20km，庄川流域の東中江でも，硬質砂岩を利用して磨製石斧を生産している（図2）[13]。しかし大まかに見れば，富山県内の磨製石斧の生産地には西寄り・東寄りの二つの中心地があり，それぞれ蛇紋岩・硬砂岩という固有の石材を利用しているといえよう。

蛇紋岩製の磨製石斧がきわめて広い範囲に流通していたことは，すでに紹介した。硬質砂岩製の磨製石斧は，それほど広い範囲に流通してはいなかったらしい。石材の見分けやすさという条件も考えにいれる必要はあるだろうが，野沢狐幅のような常願寺川流域の遺跡でも，蛇紋岩製の磨製石斧ばかり出土している遺跡もある[14]。蛇紋岩製の磨製石斧が，硬質砂岩製のものよりも高い評価を受けており，需要も多かったのだろう。少なくと

もいまのところ，常願寺川流域では，境Aと肩をならべる規模の生産地は見つかっていない。蛇紋岩製の石斧の生産は全国市場向け，硬質砂岩製のものは地域市場向けとでもいえようか。

蛇紋岩製の石斧は，硬砂岩製のものよりも，広い範囲にわたって高い評価をうけていた。それならば，なぜ常願寺川や庄川流域の住民は，硬砂岩の石斧を作りつづけたのだろうか。評価のたかい製品の需要は大きくなる。しかし，生産量はかぎられているから，全体にはゆき渡らない。一流品を手にいれる機会にめぐまれぬ場合には，二流品で満足するほかない。蛇紋岩製の石斧の不足をおぎなうために，硬質砂岩製の石斧が必要だった。このような説明が常識というものだろう。あるいは，砂岩製・蛇紋岩製の石斧を用途によって使い分けているのかもしれない。

しかし，黒部川下流—境川流域の遺跡では，この理屈では説明のつかぬ事実が報告されている。たとえば，馬場山Dでは緑色の砂岩製の石斧が1点だけ出土しており，山本は常願寺川流域の成品に違いない，という[15]。境Aでは，成品のなかの砂岩製のものの比率が，未成品よりもわずかながら高くなっている。常願寺川流域とは特定できないにしても，よそから砂岩製の成品が持ち込まれている可能性もある，という[16]。馬場山Gでは，成品45点のうち硬砂岩製が1点，未成品のなかにも砂岩製のものが1点ある[17]。

境Aと馬場山D，そして馬場山G。いずれも，いわば蛇紋岩製石斧の本場である。住民が上質の石斧に不自由していたはずはない。にもかかわらず，砂岩製の石斧がわずかながら持ち込まれている。この事実は，さきにあげた需要と供給のひらきという常識，縄紋人はまず自分たちの必要なだけ財貨を生産し，余分ができたときはじめてそれを交易にまわすという「交易論」の通説では説明がつかない。もし，このような考えが成りたつのなら，境Aや馬場山Dの石斧は，馬場山F・馬場

山Hとおなじように蛇紋岩製だけで[18]，砂岩製のものが紛れこむはずがない。

ここで，境A・馬場山D・前沢・岩峅野・花切・東中江の6遺跡から出土した蛇紋岩製・砂岩製の磨製石斧の総数・成品の比率・破損品の再加工の有無をくらべてみよう（表2）。前沢は，境Aなどとおなじく黒部川下流—境川流域にあり，石材は流紋岩が主流となる[19]。岩峅野・花切は，常願寺川流域にあり，在地の硬質砂岩を利用した石斧が主流となる[20]。

正確な比率をしめすことはできないが，蛇紋岩製の石斧の場合には，境Aのような膨大な量が出土している遺跡でも，破損品の再加工がおこなわれている。ところが，砂岩製の斧の場合には，確実な再加工の例は指摘できない。蛇紋岩の斧の場合には，刃先が部分的にかけることが多いので，研ぎなおしがきく。砂岩の斧の場合には，折れてしまうことが多く，再加工はむずかしい（山本正敏の教示による）。このような違いが，蛇紋岩の斧が砂岩の斧よりも高い評価をうける理由のひとつとなっているのだろう。

出土総数のなかの成品の比率から，その遺跡が石斧の生産地だったかどうか，推測することができる。岩峅野では蛇紋岩・砂岩ともに成品の比率が高い。総数もあわせて24点[21]。表2にしめした遺跡のなかではもっとも少ない。岩峅野で石斧生産がおこなわれているとしても，その規模はごく小さい。花切では，硬質砂岩の石斧は未成品の比率が高いというが，蛇紋岩の石斧のなかにも未成品があるという[22]。蛇紋岩製の未成品を手にいれ，現地で仕上げだけをしたのだろう。このほかの遺跡は，すべて生産地と見てよかろう。とすると，富山県東部の蛇紋岩地帯では，ほとんどすべての集落で石斧の生産がおこなわれているが，その西側の硬砂岩地帯や硬砂岩も分布していない地域には，石斧を生産していない集落もある。蛇紋岩の斧（素材あるいは成品）の供給をうけて，その不足を砂岩の斧でおぎなっていた，と推測できよう。

黒部川下流—境川流域の遺跡では，砂岩製の石斧の比率はきわめて低い。そのうち境Aでは，製品・未成品をふくめた蛇紋岩・砂岩製石斧の比率は50：1前後になる（ただし，すべてが常願寺川流域の砂岩ではなく，在地のものも利用しているのだろう）。ほかの遺跡では，100：1以下になる。ところが東中江をふくむ硬砂岩地帯の遺跡では，この比率は1：2あるいはそれ以上になる。ただしこの数字は，未成品の有無によって左右される。未成品をふくまぬ岩峅野の比率は5：7で，蛇紋岩のものは小形のものが多いという[21]。東中江の成品では蛇紋岩製のものが砂岩製よりも多く，やはり小形のものが多いらしい[22]。石斧のサイズ，ひいては用途によって，砂岩製・蛇紋岩製を使い分けているのかもしれない。しかし，山本正敏の教示によれば，蛇紋岩の斧は小形で砂岩の斧は大形だ，とはいい切れないという。使い分けをする場合もある，と考えるべきだろう。

このように考えてくると，黒部川下流—境川流域産の蛇紋岩の斧が，常願寺川・庄川流域産の砂岩の斧よりも高い評価をうけ，ひろい範囲に供給されていたことは間違いないだろう。この評価は，漠然としたネーム・ヴァリューではなく，再加工のしやすさ——耐久性の高さという具体的な根拠にもとづいている。岩峅野・東中江などのように，蛇紋岩・砂岩の斧を使い分けることがあったとしても，蛇紋岩の斧の不足をおぎなう措置だった，と考えるべきだろう。とすると，馬場山D・Gあるいは境Aのように，蛇紋岩製の磨製石斧の本場に，あきらかに低い評価をうけている砂岩製の斧がまぎれ込んでいる理由は説明がつかない。われわれの目からみれば，馬場山F・Hのように，蛇紋岩製の斧ばかりが出土する方があたり前のことなのだ。評価の高い蛇紋岩製の石斧の本場に，評価の低い砂岩製の石斧を運びこむのは，経済的には意味のない行為だ。

じつは，このような経済的に無意味な行為は，ここではじめて紹介するわけではない。仙台湾沿岸の後・

表2 蛇紋岩・砂岩製の磨製石斧の比較
（＊破損した未成品は含まない，＊＊硬質砂岩製）

		蛇紋岩製			砂岩製		
		総数	成品	破損品再加工	総数	成品	破損品再加工
境	A	13,808*	7.2%	あり	313*	17.6%	なし
馬場山	D	579	10.0	？	1**	100.0	なし
前沢		40	30.0	あり	？	？	？
岩峅野		10	100.0	？	14**	85.7	なし？
花切		28	？	あり	64**	？	なし？
東中江		35	100.0	あり	80**	13.8?	なし？

晩期の遺跡の剝片石器の原料のなかには，黒曜石がふくまれている[23]。しかし，その比率はきわめて低く，岩手・貝鳥で27％を超すだけで，いずれも3％以下である。たとえ黒曜石の供給がとだえたとしても，これらの遺跡の住民の生活には，まったく支障はなかったはずだ。新井重三は，加曽利貝塚から緑色凝灰岩（大谷石）の磨石が2点（！）でているが，軟らかな岩石なので栃木の原産地からじかに持ち込まれたものと考えるべきだ，という[24]。100kmを超える距離を，わずかな量の磨石を運んでくる——これも経済的に無意味な行為の一例だろう。このような例は，われわれが見過ごしているだけで，その気になって捜せば，まだまだみつかるはずだ。われわれの目からみれば経済的に無意味な交換や流通。そこに縄紋人のおこなっている交換・縄紋の社会のなかでの流通の特質があるのではなかろうか。

2. 太型蛤刃石斧と石庖丁

ここで，弥生時代の石器の流通の問題に話を切り替えることにしよう。下條信行の太形蛤刃石斧を中心とする北九州の弥生時代前期から中期の石器生産[25]，酒井龍一の弥生中期の畿内・北九州の石庖丁の流通[26]，このふたつの研究によって，弥生時代の石器の生産と流通をうかがってみよう。

2-1. 北九州・今山の石斧

北九州の前期〜中期初頭の遺跡では，石庖丁・磨製石斧・石剣・石戈など各種の石器の成品ばかりでなく，未成品も出土する。この事実は，集落ごとの自給自足が，この時期の石器生産の原則となっていたことをしめしている。中期には立岩産の石庖丁がひろい範囲に流通するようになる（図3）。しかしひとつの遺跡の出土量の半数を超えることはなく，自給自足の原則は維持されている[27]。

ところが，太形蛤刃石斧だけはこの例外で，成品が出土することはめずらしくないが，未成品が出土する集落は皆無である[28]。前期末前後になると，博多湾西岸では，今山・今津・呑山の三ヵ所で玄武岩を利用した蛤刃石斧の

生産がはじまる（図3）。今津・呑山の製品は，もっぱら地元で消費されているが，今山の製品だけは，ほかの地域に搬出されている[29]。中期になると，今山産の石斧の分布範囲は，北部九州はいうまでもなく，大分・佐賀・熊本にまでひろがる。とくに福岡県内各地では今山産のものは圧倒的な比率をしめ，在地産のものの比率は10％を超えない[30]。

2-2. 近畿地方の石庖丁

奈良盆地の石庖丁の石材が，前期には安山岩系の石材をもちい，中期になると緑色輝岩・緑泥片岩などをもちいるようになることは，1940年代から指摘されていた[31]。大阪・池上でも，安山岩製石庖丁は前期から中期にかけてもちいられているという。石材の供給源は二上山と推定されるが，いまのところ製作地や流通経路はあきらかでな

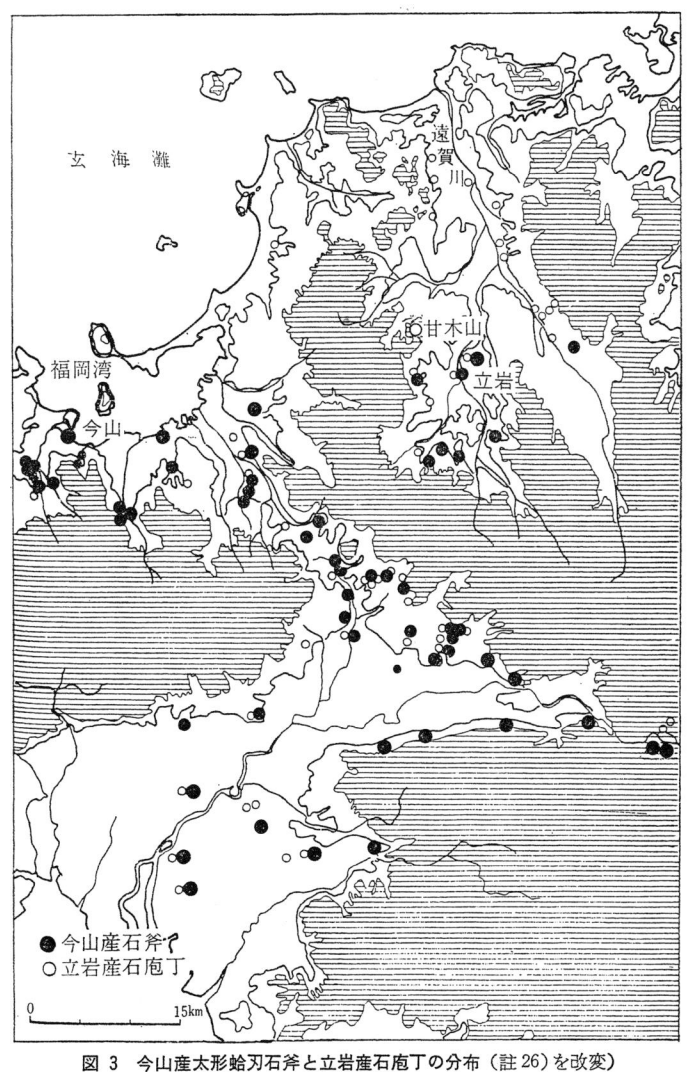

図3 今山産太形蛤刃石斧と立岩産石庖丁の分布（註26）を改変）

い。中期初頭をすぎると，石庖丁に利用する石材・あるいは製品そのものの供給経路におおきな変化が起きるらしい。安山岩とはべつの産地の石材——粘板岩・結晶片岩などを利用したものが急に増加する[32]。酒井によれば，大阪湾沿岸・淀川流域の弥生中期の石庖丁の主要な石材は，サヌカイト・粘板岩・結晶片岩で，サヌカイト製石庖丁は神戸市以西の瀬戸内海沿岸，粘板岩製のものは京都盆地，結晶片岩製のものは奈良盆地・大阪平野東南部・紀川流域に分布する。そして，大阪平野東北部から京都盆地西南部にかけて，粘板岩製・結晶片岩製の石庖丁がいりまじって分布する地域がある[33]（図4）。

酒井は，これらの石庖丁は，素材あるいは半成品の状態で，消費先に供給されたものと考えており，この点が立岩産の石庖丁が成品のかたちで各地に供給されている北九州との決定的な違いだ，という。近畿地方の諸遺跡——とりわけ和歌山・太田黒田（おおたくろだ）や大阪・池上（結晶片岩），大阪・安満（あま）（粘板岩）などでは，素材・半製品が多量に出土しており，仕上げに必要な砥石や石錐も，各地の集落で「普遍的かつ多数出土すること」がその理由となる。素材・半製品の供給はきわめて安定しており，結晶片岩製の場合，石材の産地（紀川流域（きのかわ）を中心とする三波川変成帯（みなみ））から 40 km 以内の場合にはほぼすべて，60 km 以内の場合には40〜80%を供給しているという[34,35]。

2-3. 縄紋・弥生の流通

これまでの説明を手短かにまとめよう。特定の地域のかぎられた種類の製品が高い評価をうけ，広い範囲に供給される，という点では，富山の蛇紋岩の斧は，北九州の今山産の蛤刃石斧や立岩産の石庖丁とかわらない。在地の原料を利用した石器生産が主流となり，一部の製品だけを遠隔地から供給をうけているという点でも，北九州の弥生中期と，北陸を中心とする地域の縄紋中期〜晩期の事情はにかよっている。

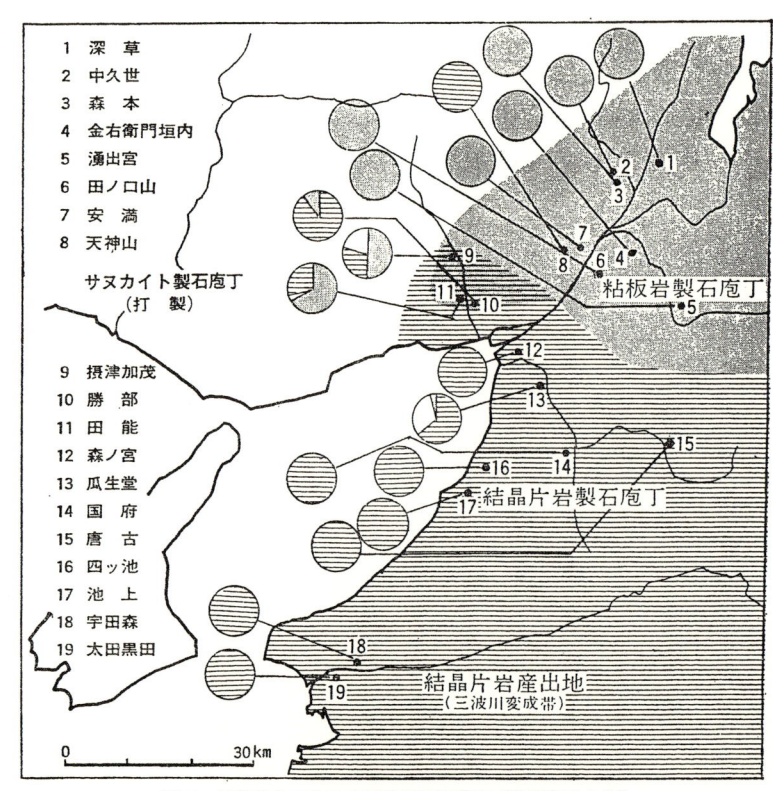

1 深草
2 中久世
3 森本
4 金右衛門垣内
5 湧出宮
6 田ノ口山
7 安満
8 天神山

サヌカイト製石庖丁（打製）

9 摂津加茂
10 勝部
11 田能
12 森ノ宮
13 瓜生堂
14 国府
15 唐古
16 四ッ池
17 池上
18 宇田森
19 太田黒田

粘板岩製石庖丁

結晶片岩製石庖丁

結晶片岩産出地（三波川変成帯）

0　　　　30 km

図4　近畿地方の弥生中期の石庖丁分布（註26）による

一方，近畿地方の弥生人は，もよりの地域でまかなえる石庖丁の素材・半製品を利用している。結晶片岩・粘板岩の石庖丁には，蛇紋岩・砂岩の斧ほど大きな違いはないだろう。おなじ稲刈りにつかえるなら，手近なところで手に入る製品を選んでいるわけである。作業の能率が高ければ，産地が遠くても，質の良いものを手に入れようとしたのかもしれない。近畿地方の石庖丁の生産と流通を支配しているのは，市場原理とまではいわぬとしても，われわれが経済的とよんでいる原理である。このようなシステムのなかでは，富山の砂岩の斧・仙台湾沿岸の黒曜石・加曽利の磨石のような，経済的に無意味な行為がおこなわれるとは考えにくい。

これらの，経済的に無意味な行為によってほかの地域に運ばれている物資が，道具やその素材（＝生産財）であることは間違いない。しかし，これらの物資が生産財以外の価値を持っていないとしたら，その生産と流通は，経済的な原理それだけにしたがっているはずである。生産財の使用価値・交換価値とはべつの——象徴的な価値をもっていたから，経済的に無意味な流通が起きているのだ。それでは，これらの物資は，なにを象徴し

94

ているのか。物資を供給するものと供給をうける
ものの結びつき。経済的に無意味な物資の流通
は，そのシンボルなのだ。

縄紋時代の斧には，とても実用にはならぬ超大
形のもの（秋田・上掃など）[36)]がある。生産財その
ものもシンボル（＝威信財）となり，その流通・交
換にも集団や地域の結びつきのシンボルとしての
意味がこめられる。それが縄紋人の世界なのだ。
近畿地方の弥生中期の石庖丁の生産と流通。そこ
には，象徴的な意味はまったく読みとれない。地
域や集団の結びつきを象徴する手段がなくなった
わけではない。銅鐸をはじめとする青銅製のマツ
リの道具（儀器・祭器）があたらしく登場し，昔な
がらの材料の生産財は，威信財としての側面をう
しなっているのだろう。

3. 物資の流通と領域

富山地方の砂岩製の磨製石斧の動きを手がかり
として，縄紋時代の物資の流通や「交易」の意味
をとらえなおしてみた。硬玉製品・良質の磨製石
斧・アスファルトなどに代表される非現地性物資
は，それ自身が貴重な威信財・生産財で，縄紋人
がこれらの財貨・物資を手に入れるために精力を
そそいだことは間違いない。と同時に，それらの
物資・財貨は，地域社会のあいだの結びつきのシ
ンボルでもある。とすれば，これらの非現地性の
物資・財貨のひろがりは，佐藤宏之のいう「社会
的な領域」[37)]をしめていることになる。私が「交
渉圏」[38)]とよんだものも，おなじ内容である。

縄紋人の「社会的領域」あるいは「交渉圏」は，
どの程度のひろがりをしめしていたのだろうか。
中沢目・貝鳥で出土している非現地性物資から推
測すれば[39)]，その範囲は直線距離にして 30 km 前
後から 300～550 km 前後にもおよぶことになる。
ただし，アスファルト・珪質頁岩など，消費量の
大きな生産財の産地は，ほぼ 100 km 以内の範囲
におさまる。一方，貝輪をはじめとする装飾品の
原料など，耐久消費財・威信財は，300 km を超
える距離を運ばれている。北海道・青森にはこば
れている硬玉製品や，近畿地方で出土する亀ケ岡
系の精製土器なども，この例にくわえることがで
きよう。

いうまでもなく，この違いは，おなじ非現地性
物資ではあっても，生産財の場合には定期的に接
触をたもつ必要があり，威信財の場合には断続的

あるいは不定期な接触でもさしつかえない，とい
う事情から生まれている。したがって，縄紋人の
交渉圏は，定期的でおそらく頻繁な接触をたもつ
範囲・不定期で断続的な接触をたもつ範囲の二つ
の部分に分かれよう。仙台湾沿岸の例から推測す
れば，威信財の交換・流通をなかだちとする結び
つきは，300 km あるいは 500 km を超える場合
もあり，生産財や食料をふくむ消費財の交換・流
通をなかだちとする結びつきは，おおむね 100～
150 km 以内の範囲に収まるのだろう。これを遠
距離交渉圏・中距離交渉圏とよび分けることにし
よう。

縄紋時代の流通といえば，隣接する集落から集
落，地域から地域へというイメージがいまだに支
配的なようだ。しかし，たとえば硬玉製品の分布
は，この常識への反証となる。福田友之によれ
ば，北海道・青森で出土している姫川産の硬玉製
品は，遺跡数・出土量ともに，秋田・山形をうわ
回っている[40)]。バケツ・リレー式に運ばれていた
ならば，出土する遺跡の数・製品の量ともに，原
産地からの距離に反比例して落ちこむはずであ
る。主要な拠点と拠点をむすぶ流通のシステムを
考えねばならない。とくに遠隔地産の非現地性物
資の場合は，流通・交換の拠点にまとまった量が
はこばれ，さらに拠点をとりまく地域・集落に分
配されたのだろう。

遅くとも中期中葉には，北陸から北海道にかけ
て，このようなシステムが成立していたのだろ
う。ただし，遠隔地産の非現地性物資の流通その
ものは，この時期にはじめて成立するわけではな
い。その痕跡そのものは，草創期あるいはそれ以
前にもさかのぼる。しかし，流通の拠点——集落
の性格は大きく変化している。次回から，しばら
く縄紋人の集落について説明し，その上であらた
めてこの問題について考えることにしよう。

前回の内容について，蟹沢聡史氏から懇切なご
指摘をいただいている。その内容を活かせなかっ
たのは私の手落ちである。今回は山本正敏，酒井
重洋両氏から多くのご教示をうけ，文献を提供し
ていただいた。末尾ながらお礼申し上げる。

註
1) 山本正敏「境A遺跡・石器編（本文）」p.8（『北陸
　自動車道遺跡調査報告—朝日町編』5，富山県教育
　委員会，1990）
2) 報告書の「削器」（同上・pp.38-40）である。
3) 同上・pp.38，68-69，71

4）　同上・pp.72

5）　同上・pp.69

6）　ハリ質安山岩は石鏃にも利用されている。石鏃にも搬入品があるのかもしれない。

7）　林「縄紋時代史18」pp.100-01（『季刊考古学』44：95-102, 雄山閣出版，1993）

8）　山本・前出・pp.25-31, 63-64

9）　同上・pp.53-63

10）　山本・前出・p.70

11）　豊田善樹（編）『平成4年度特別企画展図録・斧の文化』p.38（富山県埋蔵文化財センター，1990）

12）　山本正敏「魚津市早月上野遺跡における磨製石斧の製作」pp.29-30（『大境』12：29-40, 1988）

13）　岸本雅敏・酒井重洋・宮田進一・久々忠義『東中江遺跡―富山県平村東中江所在の縄文遺跡発掘調査報告』（平村教育委員会，1982）

14）　狩野　睦・森　秀典『富山県立山町総合公園内野沢狐幅遺跡発掘調査概報』p.24（立山町教育委員会，1985）

15）　未成品521点のなかには砂岩製のものはない。
　山本正敏・岡本淳一郎「馬場山D遺跡」p.46,50（『北陸自動車道遺跡調査報告―朝日町編』3：7-66, 富山県教育委員会，1987）
　山本「境A遺跡・石器編（本文）」p.71

16）　砂岩製の比率は，成品では4.6％（47点）・未成品では1.9％（267点）
　山本・同上・p.26, 29, 71

17）　岡本淳一郎・酒井重洋・狩野　睦・橋本正春「馬場山G遺跡」p.97（『北陸自動車道遺跡調査報告―朝日町編』5：67-106）

18）　山本正敏・橋本正春・松島吉信「馬場山F遺跡」p.11（『北陸自動車道遺跡調査報告―朝日町編』2：8-16, 富山県教育委員会，1985）
　松島吉信・橋本正春「馬場山H遺跡」（『北陸自動車道遺跡調査報告―朝日町編』3：107, 23）

19）　山本正敏「黒部市前沢における磨製石斧製作の再検討」（『大境』11：17-27, 1987）

20）　池野正男・柳井　睦『富山県立山町岩崎野遺跡緊急発掘調査概要』（富山県教育委員会，1976）
　狩野　睦・島田修一・高井　誠『富山県大山町花切遺跡発掘調査概要』（大山町教育委員会，1988）

21）　池野，柳井・同上・p.16

22）　狩野，島田，高井・同上・p.17

23）　林「縄紋時代史18」p.100（『季刊考古学』44：95-

24）　後藤・庄子・新井『縄紋時代の石器』p.54, 79

25）　下條信行「北九州における弥生時代の石器生産・考古学研究会第21回総会研究報告要旨」（『考古学研究』84：1-2, 1975），「北九州における弥生時代の石器生産・考古学研究会第21回総会研究報告」（『考古学研究』85：7-14, 1975）
　なお，論文のタイトルでは区別できないので，前者を「下條・要旨」，後者を「下條・報告」とする。

26）　酒井龍一「石庖丁の生産と消費をめぐる二つのモデル」（『考古学研究』82：23-36, 1974）

27）　下條・要旨

28）　下條・報告・p.8

29）　下條・報告・pp.9-10

30）　下條・報告・p.11

31）　藤岡謙二郎・小林行雄「石器類」pp.191-92, 206（末永雅雄・小林行雄・藤岡謙二郎『大和唐古弥生式遺跡の研究』京都帝国大学文学部考古学研究報告16, 京都大学，1943）

32）　酒井（龍）・前出・p.26

33）　同上・pp.27-29

34）　同上・p.30

35）　酒井は，原料・素材は遠隔地から供給をうけ，仕上げに必要な工具だけを保有する近畿と，特定の地域の製品が流通してはいても，各地の集落が在地の原料を利用し，仕上げまでおこなう北九州とを対照して，「生産諸手段の一部共有」と「生産諸手段の個別的所有」のふたつのモデルを設定する。
　同上・p.35

36）　東北・北海道に多いが，沖縄本島にも分布している（沖縄県立博物館蔵）。時期は草創期～中期。後・晩期は未確認。
　庄内昭男「秋田県東成瀬村上掵遺跡出土の大形磨製石斧」（『考古学雑誌』63：64-71, 1987）
　岩手県立博物館（編）『じょうもん発信』p.98(1993)

37）　佐藤宏之「1992年の縄文時代学界動向―生業論」p.180（『縄文時代』4：178-81, 1993）

38）　林「縄紋時代史10」p.93（『季刊考古学』42：87-94, 1993）

39）　林「縄紋時代史18」p.97（『季刊考古学』44：95-102, 1993）

40）　福田友之「亀ヶ岡文化圏の物の動き―東北地方北部の黒曜石・ヒスイ製品を中心として」pp.15-16（『考古学ジャーナル』368：12-17, 1993）

坪井良平 著

新訂 梵鐘と古文化

ビジネス教育出版社
四六判　358頁
1,900円　1993年10月刊

　昭和21年〜23年に，大八洲出版株式会社から"古文化叢刊"シリーズが刊行された。このシリーズは，考古・地理・絵画・建築・彫刻・言語・庭・経典・文献など諸分野にわたる古文化研究をテーマごとに扱った叢書で，予告された39冊中の16冊が発行された。イエロー表紙の四六判，仙花紙使用のこのシリーズは，太平洋戦争の終結の翌年より配本され，テーマと執筆者の顔触れによって学界の注目を集めたと伝えられている。

　このシリーズは，私にとっても高校の上級生〜大学生の頃，何冊か入手してその内容を理解しえぬままに架蔵してきた。その後，考古学の勉強を本格的に試みようと心掛けたとき，何時も座右において，日々頁を繰っていた書のなかに本シリーズの3冊があった。水野清一『東亜考古学の発達』，藤岡謙二郎『地理と古代文化』，そして坪井良平『梵鐘と古文化』である。

　なかでも『梵鐘と古文化』は，仏教考古学の勉強を志していた私にとって，まさに座右の書であった。石田茂作先生の講義で知った『考古学講座』の「梵鐘」と『慶長末年以前の梵鐘』を図書館から借りだして繰り返し読み続けたが，梵鐘の知識を端的に知るには『梵鐘と古文化』が適していた。梵鐘の入門書として唯一無二の書として，机上のみならず，寺社見学に際して鞄のなかに常に収められた。表紙はとれ，製本は崩れ，ボロボロになった書は，その後も機会を得て何冊か入手し続けてきた。しかし，それがここ10数年来，すっかり古書店から姿を消したことは残念であった。

　しかるに，この度，『新訂梵鐘と古文化』が「つりがねのすべて」の副題を添えてまみえることになった。

　著者の梵鐘研究は，前記著作のほか『日本の梵鐘』『日本古鐘銘集成』『朝鮮鐘』（以上，角川書店）『佚亡鐘銘図鑑』『梵鐘と考古学』『梵鐘の研究』『歴史考古学の研究』（以上，ビジネス教育出版社）として公刊され，碩学の業績と軌跡を理解することが出来るが，私にとって愛着のあるのは矢張り『梵鐘と古文化』であった。

　新訂版として公けにされた本書は，まさに新訂であり，お弟子さんの愛甲昇寛氏の努力によって新しく生まれ変った。第一部梵鐘入門，第二部各時代の遺品，第三部梵鐘と古文化，第四部朝鮮鐘，第五部支那鐘，付表一，慶長以前現存和鐘一覧表，二，本邦所在主要朝鮮鐘，と構成された新訂版は，旧著の第二部の時代観（奈良・平安・鎌倉・室町・江戸）にその後の一連の著作研究の成果をもとに「南北朝」を入れ，また，収録遺品に新しい資料を加えている。第四・五部は，旧著にはなかったが，新訂版で加えられた。付表も旧著（第四部年表及一覧表）をもとに新しく作成された。

　全体として，解説遺品を多く加え，鐘の実数を増補し，一覧表を県別に整理して参照に便ならしめるなど，愛甲氏のこまやかな心遣いを随所にみることができる。梵鐘を広く理解するために不可欠の朝鮮鐘・支那鐘を簡潔に説明する項を新しく挿入しているのも，梵鐘の入門書としての配慮からであり，著者の研究を理解した人による構成として，読者にとってまことに有用なものとなっている。

　著者には，すでに『梵鐘』（学生社）と題する入門書もあるが，この新訂版は，それとともに，あるいは単独で紐解くとき，東アジアの仏教圏に出現し，仏教徒をはじめ，多くの人びとに親しまれてきた"梵鐘"についての知見を容易に得ることができる。

　この新訂版の刊行によって，私も旧著探しから解放された。今後は，分解状態の旧著にかわって新訂版が所定の場所に落着くことになるであろう。

　新訂版と前後して，待望の『梵鐘実測図集成』（全2巻）が同じ出版社から公けにされた。著者が生涯をかけた梵鐘研究の基礎資料―実測図の寄贈を受けた奈良国立文化財研究所の編集による本書の公刊は，考古学・仏教学・金石学をはじめとする学界にとってきわめて重要である。精確な実測図と拓本による慶長以前の現存鐘，江戸鐘，佚亡鐘，琉球鐘の総数584例，そして和鐘一覧表，文献目録を付載している本書の学問的価値は計り知れないものがある。そこには，坪井梵鐘学の精華の原点が籠められている。梵鐘の実態を通して，日本歴史の側面を生き生きと画きだした著者畢生の業歴の証しを垣間見ることができる想いがする。

　著者逝去して10周忌を迎えることになった。この年，自ら梵鐘を訪ねる旅を続け，著者と親交のあった真鍋孝志氏の出版社から，新訂版と集成が刊行された。青燈ブックス「坪井良平シリーズ」は，『未開民族の文化』（R・U・セイス著，坪井訳）を加えて全7巻が，これによって完結したことになる。喜びにたえない。これを機に坪井梵鐘学，否，坪井学の全容を改めて学びたいと考えている。（坂詰秀一）

書評

千田嘉博・小島道裕・前川要 著

城館調査ハンドブック

新人物往来社
四六判　275頁
2,000円　1993年10月刊

千田嘉博・小島道裕・前川要さんといった楽しいメンバーが『城館調査ハンドブック』というおもしろく、そして大切な1冊を世に出した。考古学の世界では『発掘調査の手引き』という名著があるが、2者を対比すると仲々興味ぶかい。とにもかくにも、対比のために、この1冊を是非求めて欲しい。

要は、このハンドブックは城館の調査が楽しくて楽しくて、嬉しくて嬉しくて、そうした楽しさ、嬉しさを人に訴え、ともに楽しさの中で人生を過したいという3人が、なぜ、城館の調査が楽しいのか、嬉しいのかを、具体的に、現実に則して語り記すところから始まっている点に大きな特色がある。

では、彼らが期待している読者はというと「地域史の方で城や館の図がどうしたら描けるか悩んでいる人はおられませんか、織田信長が大好きで小牧城も安土城も行ってみた、苔むす石垣、渡る風、感動したけど感動だけじゃなくてもっと城を調べたいという人はおられませんか、小さいころから考古学好きで、縄文や弥生ならまかせてほしい、だけど突然、山城を掘れっていわれてもこまったなあという人はおられませんか……」といった呼びかけに心を動かしてくれる人達が相手である。そうした人達に自分達の楽しみ、喜びをともに味わってもらおうとする。そのための真剣なハンドブックなのである。

したがって、この1冊は学問はかくあるべきだといったむつかしい論議は見られないし、城館とは何なのかといった正面切っての解説も説かれていない。それなのに、楽しみつつ歩いていく内に城館が判ってくるように、「城館」のこのハンドブックから強烈なイメージの城館観が身にしみつくから、実に面白い。したがって、このハンドブックを楽しい楽しいといいつつ読むと、かえってシラフの彼らの想いが読みとれるのかもしれない。

とにかく、まじめにきめこまかく、実に具体的に、豚糞池、山ダニ、ツツガムシまで、本当に親切なガイドがつづく。このガイドの明るさ、無邪気さの背景にあるものは、恐らく、戦国時代の死を賭けた城館、江戸時代の権勢を幕府との間でかけひきす

る城館を真摯に見据えた中から生まれてくるものであり、粛々と吹く城館の風の音の中から読みとる「城館」イメージ復原の一つの方法といってよいであろう。恐ろしいまでの城壁、石垣、それを暗く、暗澹たる想い、で語るも方法ならば、一方にはこうした語りの方法もあってもよいであろう。

明るく楽しく調査し、研究を喜ぶ中で多くの友人が出来、同志が生まれる。174p.は千田君、173p.は小島君、209p.は前川君である。考古学がいま次第に明るさを失い、調査の楽しみも失せ、研究の視点も停滞気味の中で、城館の調査研究を進める彼らがもつ仲よしぶり、楽しく明るく語る話しぶりは重要である。いま考古学の原点を憂い、現状を甦らせるものが何であるかを問う時、彼らのこの1冊は十分それに応える内容をもってわれわれの眼前に迫ってくるといえよう。

まず、この書では、Ⅰ中世城館の世界、Ⅱ文献史料による調査、Ⅲ歴史地理的な方法による調査、Ⅳ地表面観察による現地調査を考える、Ⅴ身近な城や館を訪ねてみる、Ⅵ中世城館を地表面から調査する、Ⅶ中世城館を発掘する、Ⅷ発掘で現れるさまざまな遺構や遺物を考える、Ⅸ城館跡整備の事例というように9章に分け、各章を9項目から23項目に細分して城館調査のハンドブックとしている。

他に例の少ない整備をこうした小冊のハンドブクに収めるのもむつかしいことであるが「はやりの陶板に文字や写真を焼き付ける方式」を説明し、まちがって上に足をかけても全く大丈夫と記して著者ら3人が足をかける写真をのせたり、イラスト陶板の漫画を掲げてその意義をとうたり、2日間のシンポジュームの間、町長・教育長が在席した熱意、中世を遊ぶ会のノボリの林立がいかに心を鼓舞するかを描くなど心にくい配慮が見られる。

同様なことは、例えば「Ⅳ地表面観察による現地調査を考える」では、現地調査の手順を「簡便で非破壊のいわゆる縄張り調査から大規模で一定の破壊を伴う発掘調査まで重層的に撰択できる方法があること、これらを順次積み上げて最終的な調査方法に行きつく、だから手順を飛ばしては大きな成果はなく、各調査は補い合うもの」と記したり、城館研究者の3条件として「第1に城館が好きなこと、同じ勉強するなら楽しく明るく、第2に現地に行き城の遺構を適切に把握し図化して比較検討することに学問的意義をみつけ出すこと、第3は地名伝説を語る人人が天に召され、城館を守ってきた村はいま深刻な過疎、山城は今や荒れ放題、遺跡をいとおしむ気持もどこへやら。したがって第3の条件は我々の社会を深く考えることだ」とものべている。いかにまじめに、いかに問題意識をもって彼ら「少年城下町探偵団」が城館にとりくんでいるかが判るであろう。明るく教えられることの多い一書である。（水野正好）

書評

隼人文化研究会 編

隼人族の生活と文化

雄山閣出版
A5判　528頁
15,000円　1993年9月刊

南九州を中心とする隼人の研究は，古代の日本における「異族」・「異文化」の実相をみきわめるさいにきわめて重要であり，いわゆる倭王権とのかかわりや，律令国家のなりたちを考察する場合にも不可欠の視座となる。そればかりではない。日本文化の複合的構造を考究するおりの，基層文化究明の作業としても軽視することのできない分野を形づくっている。

鹿児島県在住の研究者を中心に結成された隼人文化研究会が，機関誌『隼人文化』を創刊したのは，1975年の12月であった。研究会の例会は，1993年の7月例会で実に224回を数えるという。そして1993年の3月には，機関誌『隼人文化』の第26号が刊行された。その貴重な調査と研究の成果を学びたいと考えて，私もまたかなり早い時期から講読会員のひとりとなった。その隼人文化研究会が結成20周年を記念して編集されたのが本書である。その序文によれば，これまでに発刊された機関誌『隼人文化』のなかから，会員各自がそれぞれ1篇ずつを選んで本書をまとめることになったとのこと。歴史学・考古学・民俗学・地理学・文化人類学など，研究者の属する分野は多岐でありかつ多彩である。まさに学際的な考察のみのりが集約されている。

本書は第一部隼人族の神話と歴史・第二部隼人族の物質文化・第三部隼人族の伝承文化で構成され，30におよぶ論文がそれぞれの各部に配列されている。力作や示唆にとむ論究が多く，今後の隼人研究に寄与する。巻頭をかざるA・スラヴィクヴィーン大学名誉教授の「日本建国神話におけるアウストロネシア系諸要素と隼人問題」は，1977年の『隼人文化』（第3号）に掲載された論文である。クライナー・ヨーゼフドイツ日本研究所長・住谷一彦立教大学名誉教授の「A・スラヴィク『隼人の問題』に関する若干のコメント」でも指摘されているように，その研究のありようをめぐる提案は「その後の四半世紀を通じて日本の学界が辿ってきた研究動向と大筋において合致」する。A・スラヴィク論文が言及して

いるごとく隼人問題の複合的構造は，日本民族の歴史のみならず，東アジア沿岸地帯にとっても，意義深い多くの研究課題をもたらすにちがいない。

本書には第一部の中村明蔵の「日向神話の成立をめぐる諸問題」，永山修一の「隼人司の成立と展開」，下野敏見の「多褹国府・国分寺考」，第二部の上村俊雄の「隼人塚石造物の成立時期について」，乙益重隆の「海南島黎族の収穫具」，第三部の小野重朗の「神楽の竜と綱引の竜」，櫻井徳太郎の「南日本シャーマニズムの諸問題」，大林太良の「仮面の儀礼的使用について」をはじめとする数多くの注目すべき論文が収録されているが，私自身の関心にそくしていえばとりわけ直江廣治の「犬と蛇のフォークロア」がまことに興味深い。

第3部の谷川健一の「蝦夷と隼人」には，短文だが，「これからの隼人研究も，北の蝦夷との比較が必要ではないか」との重要な提言がある。大宝令や養老令の賦役令に明記する「夷人雑類」について，大宝令の注釈書ともいうべき『古記』（天平10年＝738年ごろの注釈書）が，毛人・肥人・隼人・阿麻弥（奄美）人などをあげているように，蝦夷や隼人は，まぎれもなく，日本列島内における「夷狄」であった。だが，同じように夷狄視された蝦夷と隼人の間には，類似点もあるが，その内実にはかなりの差異があった。その比較は，蝦夷と隼人の類似性とともに，あわせてその相異性についても改めて検証する必要がある。すでに中村明蔵『隼人と律令国家』（名著出版）がその視角からの論究をこころみているが，隼人問題のあらたな解明のひとつの視座が，北の蝦夷との対比のコースから浮かびあがってくることはまちがいない。

本書のなかには，東アジア・東南アジアそして南島を含むひろい視野からの調査と研究の成果が反映されている。今後さらに日本版中華思想を反映した日本列島内における「夷狄」観の政治史・社会史的考察，思想を含む文化史・伝承史の分野からの開拓が進むようにと期待する。下野敏見の序文では，1993年が国連による「世界先住民のための国際年」であることと関連して，北の蝦夷と関係が深いとされるアイヌばかりでなく，南の熊襲・隼人問題を忘却できぬ所以が述べられている。隼人と蝦夷との比較のなかで，その実相はより明確になるであろう。

本書のなかには「大和王権」・「大和王朝」・「大和朝廷」の用語が，無限定に使用されるのは気がかりである。「朝廷」の実態は内廷（宮中）と外廷（府中）からなりたち，「大和」の用字は，養老令とその施行以後に具体化する。概念の混用はさけるべきではないか。隼人の研究史に画期をもたらす本書は，隼人考察の必読の書といっても過言ではない。

（上田正昭）

論文展望

（五十音順）（敬称略）選定委員 石野博信 岩崎卓也 坂詰秀一 永峯光一

栗島義明
湧別技法の波及
土曜考古 17号
p. 1～p. 37

　言うまでもなく細石器は旧石器時代の終末を飾る代表的な石器形態であると共に，縄文時代の夜明けを告げるものでもある。細石器文化を如何に理解するかによって旧石器から縄文への時代的過渡期観に重大な齟齬が生じつつあるのが研究現状とも言い得ようか。

　本論では細石器文化理解における二つの通説への再考を主眼とした。一つは湧別技法によった削片系細石刃核と矢出川技法による稜柱系細石刃核（野岳・休場型）とが，相互に parallel な関係の基に展開するものではなく，明らかに編年的前後関係において解されるべき点にある。東日本地域のほとんどすべての遺跡でそれぞれの細石刃核は単独の構成を示し，削片系はむしろ稜柱系後に展開する船底系との共伴が顕著である。相模野を中心とした関東地域での層位的な成果もこうした理解を支持する上に，近年問題となっている神子柴系遺物に伴出する細石刃核が削片系であることは共通認識である。これら削片系の系統が盛んに議論されているが，本論の分析からは湧別技法波及後の関東・中部の地域的な変化として型式学的に位置付けられるものであった。

　もう一つの論点として関東・中部地域での削片系を中心とした石核構成の中に見られる打面形成が石核調整に先行した細石刃核への着目を通じて，削片系に対峙した地域的様相として船底系細石核の伝統が存在していたことを指摘した。それらは同一工程に拠りながらも複数の形態を有し，同様な石核構成は広く九州地域にまで認め

られ，削片系に対峙してこうした船底形こそが西南日本地域に展開していた蓋然性がたかい。すでに福井4層や市ノ久保・上下田遺跡の分析を通じて，九州地域で船底系（船野型）が神子柴段階にまで残存していた可能性を述べたが，こうした広域的な対比からも最古の細石刃核型式として認知されてきた船野型の編年的な位置付けが再度問われるのである。

（栗島義明）

宮尾亨
遺跡の凝集性と遺跡間の関係
國學院大學考古学資料館紀要 9輯
p. 27～p. 67

　土器様式は斉一性を持ったまとまりであるが，型式分類可能な複数の土器の集合体であり，各型式は分類のために設定した諸属性の類型の差異を吟味することで，共時的存在（段階）のまとまりと通時的変化（系統）の流れに整理できる。実際に土器を観察し分類する作業は，このような型式レベルの処理であり，土器様式の共通する範囲は，それらが組み合わさって出土する遺跡の地理的ひろがりにほかならない。一方，それぞれの遺跡は日常的に面接関係を結ぶ集団がその場所を占有し，居住ないし活動した結果と考えられる。つまり，各遺跡の型式の組合せは，その場所を占拠した集団の在り方を反映したものと類推できる。また，同時に同一様式の分布範囲の中で，遺跡によって型式の組合せに差があるとすれば，各型式の分布から遺跡間にまたがる集団の関係を模索できる。

　本論では縄文時代後期の三十稲場式土器様式を資料にして，遺跡における集団の在り方と遺跡間の関係を具体的に考察した。各遺跡の型式の組合せや各型式の分布は

煩雑に過ぎて，漠然と眺めていても歴史的解釈へは結び付かない。そこで型式の組合せを総合的に見るのではなく，二型式に限定して確認するという作業を行ない，具体的な在り方に迫ってみた。

　各遺跡にみられる集団の凝集性には共通性が少なく，全体に働く社会的規制を想定するより，それぞれに独自の要因を考えた方がよい。土器の通時的変化に照らしても遺跡単位の集団の継続性は弱く，その具体的な単位，そして契機は判断できないが，離合集散が容易であったと思われる。日常的面接を持たない集団の関係を想定できる遺跡間の関係では，地理的条件の差（海と山）を結ぶ関係に重要性が認められ，中間地域の遺跡には遺物・遺構が集積する可能性を指摘できる。今後は，このような遺跡の凝集性と遺跡間の関係を総合した解釈を導くことが課題として残されている。 （宮尾亨）

杉井健
竈の地域性とその背景
考古学研究 40巻1号
p. 33～p. 60

　本稿では，特に竪穴式住居に造り付けられた竈に注目し，その系譜や日本における発生の問題，普及に伴って生じてきた大小の地域性とその背景について論じた。

　造り付け竈は構造的に多くの分類要素を持つが，全国的な比較に適するものは掛け口の構造である。本稿ではそれを「一つ掛け」「二つ掛け横並び」「二つ掛け縦並び」「三つ掛け」の4つに類型化し，古墳時代中期から平安時代までの造り付け竈が存在するほぼ全期間を対象に分析を行なった。

　その結果，西日本では一つ掛けが，一方中部地方東半部以東の東日本では二つ掛け横並びが主流の

形態であることが明らかになった。また甑形土器に関して，西日本では多孔タイプ，東日本ではつつぬけタイプの蒸気孔を基本とすること，東日本では多く普及し蒸す調理法が一般化したことなどを指摘した。そして朝鮮半島と中国の分析を通して，上記の西日本の様相は朝鮮半島のそれをそのまま受け継いだものであるのに対し，東日本の動向は畿内政権主導のものではなく，地域社会内の独自の発展によるものであると考えた。さらにこの東西差発現の要因を，階層分化の程度および消費単位の独立性保持の程度の差に求めた。おそらく畑作地が東日本に増加しつつあったことも一要因であろう。

加えて小さな地域性として，九州地方南部や東北地方北部では造り付け竈の普及が遅れること，山陰地方ではほとんど普及しないこと，関東地方でも埼玉県北部や千葉県の東京湾岸の一部では一つ掛けの形態をとることなどを指摘し，その背景を推察した。

本稿で指摘した地域性は，弥生時代の炉の地域性や後世の囲炉裏と竈の地域性にも関連するものであろう。また単に炊飯様式にとどまる問題でもない。造り付け竈のさらなる分析も含め，筆者に残された課題は多い。　（杉井　健）

宇野 隆夫
推古朝変革論

北陸古代土器研究　3号
p. 11〜p. 18

本稿は，社会史的な立場からみた社会の変革論であり，事実の分析より考古資料を解釈する考え方の提示に力点をおいた。特に生産と流通に代表される経済を基軸としつつ集落や埋葬や土器類を総合的に評価して社会を考えること，また個々の画期を長い時の流れにのせて理解することの重要性を強調した。

ここで主張した主な点は，推古朝の変革は弥生時代の始まりという大きな画期の帰結であり，それ

を理解するには，分業体制や広域流通の発達という常識的な史観を見直す必要があることである。

すなわち分業的生産や生産物の広域流通は，縄紋時代にすでにかなりの高水準に達していたのであり，弥生時代以後はむしろ公権力の強まりに比例して，様々な国家的需要に対応できる多角的生産体制と政治的領域の中での自給自足的体制が求められたと評価した。

そして推古朝を大きな節目として日本列島の各地に窯業・製塩・製鉄などの基幹生産体制が編成され，国や郡を単位として自給社会化していくことを，この流れの中に位置づけた。

またこの頃から前方後円墳をはじめとする造墓活動に強力な規制が加えられていくこと，またそれまでの集落の多くが再編されること，そして食器（土器）様式に仏器の影響が及ぶことも，一連の政策に基づく現象と推察した。そしてその政策の実現度から，律令国家の支配領域の拡大や支配力の浸透の過程を，細かくたどりうると考えた。すなわち当時の基本的な政策を，日本列島の国家的な自給社会化と，それを可能ならしめた資源の国家的所有・開発として位置づけ，これを基礎として対中国・朝鮮三国外交も推進し得たと評価した。

このように推古朝は弥生時代以来の，国家的な発達が一つの到達点に至った大きな節目であった。そしてこれを契機として成立した律令国家の諸政策が，中・近世あるいは近代に至る，それまでとは異なる質をもつ社会が展開する基礎をつくることになるのである。
（宇野隆夫）

森　隆
**中世的土器生産の
特質と成立過程**

古代文化　45巻5号，6号
p. 20〜p. 33，p. 29〜p. 40

近年各地において中世土器の研究が大きく進展している。一方既

往の土器研究においては，古代は古代，中世は中世の土器のみが取り上げられて論じられる場合が多く，古代から中世への過渡期の様相を，一連の動態的な変化の過程として捉え論ずる視点は少ない。この傾向は畿内・西日本地域において著しいが，これらの地域での古代から中世への移行は，前後を二分出来るような大画期によって説明するよりも，むしろ各々が重要ではあるが小さな画期の積み重ねによって漸次進行する段階的な過程として捉えた方が理解し易い。筆者もまたこの立場にたつものであるが，とくに本論では中世的土器生産の成立過程を重視するため，分析の対象はむしろ古代の方に比重が高い。同時に古代と中世の土器生産相互の比較の中から，中世の土器生産の特質をより鮮明に認識しようというのが，本論の目的である。このため本論では，古代の後半に出現し中世土器へと継起する磁器型土器椀（畿内・北部九州の黒色土器椀，瓦器椀，瀬戸内の土師器椀など）を取り上げ，考察を進めた。

まず立論の前提として，土器椀の地域色を再整理した。次にこれらの分析的論証をもとに，土器椀生産形態の分類と類型化，土器椀生産の技術系譜と時間軸上の展開について論じた。さらにこれらの土器椀生産が形成される背景を説明するために，8世紀から12世紀に至る食器様式と窯業生産体制の変革について，時期を追って詳論した。以上の考察をもとに総括においては，土器生産の構造的変化を弥生時代まで遡り，その後の歴史的な変遷過程の中で位置付けた。また古代的土器生産の特質を明示し，両者の対比の中から中世的土器生産の顕著な特質を提示した。その結果，とくに12世紀以前の土器椀生産においては，その生産や流通のあり方が，多くの点でこれまでの土器椀生産に関する通説的見解と異なることを明らかにした。　　（森　隆）

●報告書・会誌新刊一覧●

編集部編

◆**K 435 遺跡**　札幌市教育委員会刊　1993年3月　Ｂ５判　722頁

　本遺跡は、北海道札幌市北区北大第2農場内、旧琴似川右岸の微高地上に位置する。擦文期の早期後半〜前期前半（8〜9世紀）を中心とする集落跡で、竪穴住居跡24軒、焼土50カ所、炭化材および炭層55カ所、ピット10基が検出されている。また擦文早期後半〜後期までの良好な一括資料が出土したほか、紡錘車22点、石器などが出土している。プラント・オパールなどの分析結果を織り交ぜた遺跡環境の変遷と遺構群の関連が報告されるほか、土器の胎土分析から青森県五所川原窯、新潟県小泊産の須恵器の存在が確認され、日本海沿岸の搬入ルートの存在が指摘されている。

◆**駒井野荒迫遺跡**　印旛郡市文化財センター刊　1993年3月　Ｂ５判　305頁

　千葉県北部の成田市に所在する先土器時代から近世に至る遺跡の発掘調査報告書。遺跡は標高約40ｍの下総台地の一角に立地する。とくに注目されるのが中世の屋敷跡で、そのほぼ全域（約2,000㎡）が調査され、掘立柱建物跡、地下式坑、土坑墓、植樹遺構、溝状遺構、水溜土坑などの遺構が検出され、陶器、在地系土器、金属器、銭貨、石製品などが出土している。15世紀中葉から16世紀中葉にかけて機能していたと考えられており、この間Ｉ〜Ⅳ期の変遷が想定されている。文献史料から千葉氏の雄族大須賀氏に関係のある者の屋敷と考えられている。

◆**松平出羽守抱屋敷**　東京都渋谷区初台遺跡調査団刊　1993年3月　Ｂ５判　294頁

　東京都渋谷区本町に所在した松江藩主松平氏の抱屋敷の発掘調査報告書。遺跡は渋谷区北部に広がる幡ヶ谷丘陵南部の標高約400ｍに位置する。調査された範囲は約30,000㎡の屋敷地のうち中心部を外れた東側の約2,300㎡である。地下室状遺構、水溜桝状遺構、井戸状遺構、柱穴状遺構、溝状遺構、土坑などが確認され、陶磁器、かわらけ、瓦、銭貨、煙管、釘、泥面子、笛、人形などの土製品などが出土している。今回の調査で確認された遺構は18世紀中葉から19世紀後葉にかけて機能したものと考えられている。文献史料からは延宝年間（1673〜1681）にこの地に抱屋敷を構えたことが明らかにされている。

◆**麻生田大橋遺跡発掘調査報告書**　豊川市教育委員会刊　1993年3月　Ａ４判　398頁

　麻生田大橋遺跡は豊川市街をのせる中央洪積台地東縁に接して帯状に広がる低位段面上に位置し、縄文時代〜中・近世にわたる複合遺跡である。検出された主な遺構は、縄文時代晩期後葉の住居跡1軒、弥生時代中期の方形周溝墓6基、奈良・平安時代の住居跡3軒、中世の掘立柱建物跡10軒のほか土壙・溝状遺構・井戸跡・火葬遺構がある。とくに縄文時代晩期〜弥生時代中期初頭の土器棺墓は132基検出されており約1,000㎡の調査範囲のほぼ全域に分布している。深鉢・甕形土器主体のものと壺形土器主体のものが多くこれに土器大破片で蓋をした形態が多い。これらは弥生時代前期を盛行期としての変遷を示すものであり、土器棺内からは骨片のほか、石剣破片、石鏃、打製石斧などが出土している。これに以前の調査で検出されたものを加えると235基となり、一遺跡の墓としては全国にも例をみない数で注目される。

◆**珠洲大畠窯**　富山大学人文学部考古学研究室・石川考古学研究所刊　1993年5月　Ｂ５判　215頁

　能登半島の北東端部、石川県珠洲市の日本海を東に臨む丘陵斜面に営まれた中世窯址群の発掘調査報告書。この発掘で、半地下式構造の無段窖窯が2基、窯出しのための施設と思われる遺構が1基検出されている。遺物はすり鉢、甕、壺などで、14世紀代、珠洲第Ⅳ期に比定される時期のもので、さらに4段階に分類している。考察ではすり鉢の出土量が多く、本窯址が海岸に近接した丘陵に所在することから、民需品生産を中心とし、海運による広域流通を意識したものとしている。また魚住窯、常滑窯との窯体の比較、および窯詰めの復元を行ない、珠洲窯が播磨方面からの技術導入を受け、Ⅳ期からすり鉢の量産化がなされたとしている。

◆**番塚古墳**　九州大学文学部考古学研究室刊　1993年3月　Ｂ５判　363頁

　古墳は九州北部の東北端、福岡県京都郡苅田町に所在する、現存全長約35ｍの前方後円墳である。内部主体は、石障を有する豊前地域でも初期段階に位置付けられる横穴式石室で、遺物は神人歌舞画像鏡1面、挂甲1領、胡籙1個、馬具1組のほか、玉類、金製耳環、大刀・矛などの武器、鉄斧などの工具、須恵器・土師器、木棺片、釘、蟾蜍形木棺飾金具などが出土している。築造年代は須恵器などの年代から5世紀末から6世紀初頭と考えられている。また副葬品の考察から、被葬者は豊前京都平野の首長が想定され、大和王権や百済などとの関連性が示唆されている。

◆**翔古論聚**　久保哲三先生追悼論文集　久保哲三先生追悼論文集刊行会刊　1993年5月　Ｂ５判　484頁

加曽利ＥⅣ式期の動物把手
　　　　……………海老原郁雄
条痕紋系土器の東方への伝播と変容…………………谷口　肇
南関東地方における後期弥生土器の編年と地域性………松本　完

■考古学界ニュース■

編集部編

───────九州地方

縄文草創期の配石炉 加世田市村原の栫ノ原（かこいのはら）遺跡で加世田市教育委員会による発掘調査が行なわれ、縄文時代草創期としては大規模な遺跡が発見された。遺構は大きなものでは70×50cmほどある舟形配石炉3基と、焼けた集石19基、土坑11基（うち1基は煙道付炉穴と判明）などで隆帯文土器は約1,000点にものぼった。そのほか石鏃8点、石斧20点や磨石、石皿、軽石製石偶なども出土している。舟形配石炉や集石の存在は定住生活の始まりを意味し、サツマ火山灰の下層からみつかったことから1万2千年前という年代がおさえられることなど注目される調査となった。

伊都国の王墓 前原市の国指定史跡・平原遺跡の西側隣接地で、王ないしは王族の墓とみられる方形周溝墓が発見された。前原市教育委員会が調査を行なったところ、南北6.3m、東西5.6mの隅丸方形の墳丘に幅1mの周溝が伴っていた。周溝に多数の石が埋まっていたことから、墳丘は葺石でおおわれていたらしい。南側の周溝内からは弥生時代後期初頭（1世紀半ば）のカメ棺が出土、主体部は盗掘をうけていて木棺の跡らしい遺構の一部がみつかっただけだった。しかしガラス玉が出土しており、以前には中国鏡の鈕が2点出土したこともあることから、平原王墓（伊都国）に先行し、三雲、井原に続く王か王族にあたる墓と推定されている。

伸展葬と屈葬の合葬 福岡県鞍手郡鞍手町木月の古月貝塚で鞍手町教育委員会による発掘調査が行なわれ、縄文時代後期の埋葬人骨5体が出土した。人骨は地表下約1.5mの貝層の間層から、3体と2体に合葬された状態で発見された。とくに3体の人骨のうち2体は伸展葬の男性と、その腹部に手足を折り曲げて屈葬された女性が頭を乗せている状態のもので、2体は隙間なくほとんど重なり合っていることからほぼ同時期に埋葬されたとみられている。同貝塚は東西50m、南北100mほどの規模があると推定され、大正と昭和初期の2回調査が行なわれている。

───────四国地方

縄文前期の石器製作跡 高知県幡多郡十和村十川の十川駄場崎遺跡で十和村教育委員会と高知県埋蔵文化財センターによる第5次調査が行なわれ、縄文時代前期の石器製作跡などが発見された。遺跡は四万十川の支流、長沢川と本流の合流点付近の河岸段丘上で、これまでに縄文時代草創期の豆粒文土器片や集石炉などがみつかっている。製作跡は直径3mの範囲で約30cmほどの砂岩の台石5～6個のまわりに石鏃1点と原石や破片が多量に散らばっていた。原石は頁岩で、そのほか石皿など1,000点以上の石器が出土した。また、剝片の貯蔵所も1カ所確認されており、5～6個体の接合資料を得ることができ、縄文前期の剝片剝離技法が摑めそうである。

───────中国地方

住居跡床面から小銅鐸 総社市教育委員会が発掘調査を進めている総社市新本の横寺遺跡で弥生時代後期の小銅鐸が発見された。同遺跡では弥生時代の住居跡30軒と古墳時代の34軒ほどの住居跡、それに8世紀前半の官衙とみられる建物跡などが発見されているが、小銅鐸は直径8mの竪穴住居の床面から出土した。高さ5.5cm、鈕部分は1.6cmで、鐸身に鰭や紋様はない。県内での出土は他に2例あるが、井戸と住居跡から発見されており、祭祀に使われた可能性が高い。

宍道湖北岸に首長墓 松江市教育文化振興事業団が発掘調査を行なっていた市内西浜佐陀町北小原の釜代1号墳で4世紀末の首長クラスの埋葬施設が発見された。同古墳は長径約20m、短径約16m、高さ2.5mの楕円形で、中心部に粘土槨の主体部2基があり、1基（長さ5.4m）から直径11.4cmの内行花文鏡1点、勾玉1点とガラス小玉67個が出土した。もう1基の槨の上部から4世紀末の土器が出土したことから年代がわかった。同地域は『出雲国風土記』で狭田（さだ）の国と呼ばれていた所で、後の古曽志大谷1号墳、古曽志大塚1号墳に先行する首長墓とみられている。

木棺墓の両端に平石 鳥取県東伯郡東郷町川上の川上83号墳（円墳）で東郷町教育委員会による発掘調査が行なわれ、木棺墓4基、箱式石棺墓3基、石蓋土壙墓1基の計8基の主体部が発見され、計4体の人骨が出土した。三世代にわたる家族墓とみられ、一部を除いて東西にほぼ平行する形で配置されていた。第2号墓と4号墓の木棺墓は墳丘の中央部に位置しており、東西の両端には大きな平石が立てられていた。1枚は85×70cmの大きさで、厚さは7cmほど。木棺の両端を密閉するためのものか、目印なのかはよくわからない。また1号墓の槨の外から管玉など12点がみつかったが、こうした副葬のあり方は弥生時代の習俗をうけついだものとみられる。なお時期は4世紀後半と推定される。

───────近畿地方

難波宮跡の朱雀門 大阪市文化財協会が発掘を進めている大阪市中央区の国史跡・難波宮跡の南約150m（市立聾学校）で朱雀門とみられる門と回廊の柱穴跡がみつかった。これは前期難波宮＝難波

■考古学界ニュース■

長柄豊碕宮（652〜686年）のもので，朱雀門の発掘は藤原宮，平城宮についで3例目。門の柱穴は約1.8m四方で，東西に横3列で並び，南北4.4m，東西4.7mの等間隔で計18個ある。門は重層式と推定され，回廊も直径約40〜30cmの柱が3列に並んでおり，複廊形式をとる。多くの柱穴から焼けた壁土や炭が出土，『日本書紀』にある朱鳥元年（686）に難波宮がほぼ全焼したとの記述と一致する。柱穴群が前期難波宮跡の中軸線上にあり，すでに確認されている朝堂院南門の南に別の門が想定できないことなどから遺構は前期難波宮の朱雀門と回廊であることがわかった。

吉野の洞窟から仏教遺物多数
奈良県吉野郡上北山村の大峯山系大普賢岳（標高1,780m）近くにある大峯修験道の聖地，笙ノ窟で奈良山岳遺跡研究会（菅谷文則代表）による調査が行なわれ，平安時代の土器，鎌倉時代の仏像破片など3,000点が発見された。土器は9世紀末から13世紀におよぶ灰釉陶器，黒色土器，瓦器など。出土遺物には銅製不動像の破片十数点（うち1点は寛喜4年銘の不動明王像の背中の欠損していた条帛と一致），水晶製ミニ五輪塔の破片，金銅製仏具，飾り金具，銅銭，江戸時代の一朱銀などがあり，さらに洞窟の入口に建てた仏堂の礎石もみつかった。9世紀末ごろから行場として使われたとみられている。10世紀中ごろ，日蔵上人がこの洞窟で無言断食行中に地獄巡りをし醍醐天皇や菅原道真に会った結果，菅公の霊を祀る北野天満宮が創建されたという日蔵冥途記の行場が確認された。

中山大塚から竪穴式石室　大和古墳群に含まれる天理市中山町の中山大塚古墳（全長120mの前方後円墳）で同古墳調査委員会（樋口隆康会長）による発掘調査が行

なわれ，後円部から長大な竪穴式石室が検出された。石室は長さ約7.5m，高さ1.8mで，50〜60cmの大きさの輝石安山岩を持ち送って積み上げてあった。また四隅を丸くして，天井は板石により全体を覆い，粘土を使用しないなど，定型化以前の造りとみられる。さらに後円部の墳頂部からは宮山型と都月型2型式の特殊器台と特殊器台形埴輪の破片数100点も発見されており，3世紀末の最古級の前方後円墳であることがわかった。

―――――――――中部地方

床を焼き固めた住居跡　富山県境に近い岐阜県吉城郡宮川村杉原の瑞穂遺跡で宮川村教育委員会による発掘調査が行なわれ，床を意図的に焼き固めた縄文時代中期後半の特殊な住居跡がみつかった。住居跡は直径6mほどの普通の規模だが，炉跡を中心に半径3mほどの範囲が8cmほどの深さまで焼かれており，火事で焼けた程度の火力では無理なことがわかった。全国的にも群馬県茅野遺跡や県内の堂ノ上遺跡などごく数例しかなく，目的も湿気対策か祭祀用かよくわかっていない。

続縄文と土師器の折衷　新潟県西蒲原郡巻町竹野町の南赤坂遺跡で巻町教育委員会による発掘調査が行なわれ，4世紀中ごろの続縄文土器と古式土師器の特徴を併せ持った土器などが発見された。この土器は古式土師器特有の刷毛目整形の上に縄文の圧痕がつけられており，計3個体分が出土した。このほか多量の古式土師器や続縄文土器約20点，石器約50点が出土，北方文化と西方文化の接触地であることがわかった。さらに古墳時代前期に属する埋葬祭祀遺構が注目される。これは斜面に2段テラス状に築かれたもので，殯屋の可能性をもつ上屋の柱穴跡や墓前祭に関するとみられる溝跡，焚

火跡などもみつかった。その後同遺跡から4世紀中ごろの土師器とともに，細い隆帯を貼りつけ，刻みを入れた黒褐色の土器片がみつかった。これはサハリン，シベリアに起源をもつオホーツク式土器と同系統の土器とみられている。さらに蛇紋岩を磨いて作った「の」字形石器が縄文土器とともにみつかった。前期末葉から中期初頭のころとみられ，大きさは3×4cm，厚さ2mm，中央に直径9mmの孔があるほか，上部にも小さな孔があいている。

―――――――――関東地方

大型円筒埴輪列　栃木県下都賀郡壬生町羽生田の県指定史跡・富士山古墳で壬生町教育委員会による発掘調査が行なわれ，今まで考えられていたより大きい直径85mの円墳で，県下第1位の大きさであることがわかった。同墳は丘陵の先端部を利用して造られた古墳で2段築成。第1段の平坦部に直径約50cmの大型の円筒埴輪が巡っており，推定では500個に達する。埴輪は低位置突帯という北関東特有のもので，第1平坦部の南東部がやや幅広くなっており，ここから人物，馬形，動物の形象埴輪もみつかった。

足利公園古墳群から前方後円墳　足利市教育委員会が調査を進めていた市内足利公園古墳群の第5次発掘調査が終了し，6世紀後半の前方後円墳1基が確認された。この前方後円墳は全長約34m，高さ約6mで，古墳群のほぼ中央に位置している。河原石を使った葺石や円筒埴輪列が発見され，すでに開口していた南東向きの横穴式石室の内部からは遺物の出土はなかった。足利公園古墳群では明治19年の坪井正五郎らの調査で古墳群の存在が知られ，今回の前方後円墳は，杏葉（鑁阿寺蔵）などが出土した第3号墳と思われる。これ

まで墳丘についての詳細な調査はなされず、永く円墳とみられていた。

群馬に八角形墳 群馬県北群馬郡吉岡町大久保の三津屋古墳で吉岡町教育委員会による発掘調査が行なわれ、天皇陵と同じ形式の八角形墳であることがわかった。同墳は南半分が失われていたが、1段目の直径約24m、墳丘の高さ約4mの2段築成で、上段の八角形の一辺は約6m。墳丘面は高さ約2m付近まで整然と葺石が敷かれ、八角形の角には大きめの石が縦1列に積まれていた。また幅約2mの周溝があり、この溝も八角形である可能性が高い。入口を南に向けた横穴式石室は破壊がひどく奥壁の巨石を残すのみだが、石室前面には祭祀の場である前庭が残存していた。八角形墳であることや版築を用いていることから終末期古墳とみられる。群馬県吉井町の一本杉古墳などでも八角形とみられる古墳がみつかっているが今回のようにはっきりした形のものは天皇陵以外では初めての例。

「國厨」の墨書土器 群馬県埋蔵文化財調査事業団が昭和62年度から調査を続けている前橋市元総社町の元総社寺田遺跡から国府の存在を示す「國厨」「曹司」などの文字が残る墨書土器が発見された。現場は牛池川の旧河遺跡で、墨書土器はいずれも坏類の一部。これらの土器は8世紀後半から9世紀初頭とみられる。これまで上野国国府は『倭名類聚鈔』の記載や国分寺の位置、あるいは付近の地名などから元総社付近にあるとみられていたが、その存在を実証できる遺物はみつかっていなかった。このほか各種の墨書土器や人形、漆の付着した壺甕類の破片数10点が出土したほか、南側の台地からは9〜11世紀の竪穴住居跡12軒や幅3mの溝跡もみつかり、国府内の建物である可能性が強い。

—————————東北地方

古墳前期の管玉工房跡 福島県河沼郡会津坂下町合川の宮ノ北遺跡（第2次調査）で、会津坂下町教育委員会による発掘調査が行なわれ、古墳時代前期の管玉を作ったと思われる工房跡が発見された。同遺跡では古墳時代前期から中世にかけての遺構が多数検出され、このうち古墳時代前期の竪穴式住居跡2軒（1号住、7号住）から管玉の未成品が多量に出土した。管玉は緑色凝灰岩製で、とくに1号住からは管玉製作に用いた砥石、台石、鉄針が確認されている。東北地方での玉作り遺跡は珍しい。

払田柵跡94、95次調査 秋田県教育庁払田柵跡調査事務所が行なった国指定史跡・払田柵跡の第94、95次調査が終了、前回一部が出土していた橋の規模がほぼ明らかになったほか、掘立柱建物跡や板塀、墨書土器や木簡などがみつかった。橋は外郭南門と内郭南門を結ぶ大路の途中に設けられたもので、今回新たに6本の橋脚と矢板4枚が出土したことから、当時

の川幅は約8.8mで、この川に幅約3.3m、長さ約17mの橋が架かっていたと考えられる。建物跡は内郭南門東方・南西および政庁東方地区から竪穴住居跡8棟と掘立柱建物跡11棟が発見された。また木簡は3点あり、うち1点には「小□□□調米五斗□□〔針カ〕」と書かれ、貢進物に付けられた札とみられる。

縄文前期の土壙墓多数 秋田県埋蔵文化財センターが調査を行なっていた大館市池内の池内遺跡で縄文時代前期の土壙墓20基と竪穴住居跡14軒、フラスコ状土坑14基、T-Pit 16基、土器など生活用具の捨て場6ヵ所などが出土し、土壙墓の中から石鏃や石斧などの副葬品が発見された。土壙墓はすべて遺跡の中央部からみつかったが、そのほとんどが北東一南西に長い楕円形で、長径約1.4m、短径約0.8m、深さは0.2〜0.6m。いずれも十数点の石鏃と、磨製石斧、石槍、土器、石製ナイフが副葬されていた。土壙墓の向きや副葬品の種類、配置に共通点が多く、一定の規則に従った埋葬を行なっていたことがわかった。

中国浙江省東陽市発見の大横穴石室墓？

杭州大学出身の東陽市文物保護管理所勤務の伝金竜氏が六石鎮祥湖村の南台上尾根に封土のない大規模な横穴石室墓らしきものを発見、1993年3月毛昭晰教授が現地を視察した。長さ12m余、奥壁の位置にある立石は高さ1.8mある大規模なもので、羨道部に道教の神が祭られており、村人が大切に保存していたことが判明した。同年7月、筆者も現場を視察したが

遺構付近には土器片の散乱もなく築造時期を知る手がかりは全くなかったが、かなり古い時期のもので、築造時は若干の封土があったようにも観取された。南々西5kmの距離の六石鎮横塘村台上にも封土のある大規模な横穴石室墓が存在することを確認した。付近にはまだまだ存在するかとも思われ、横穴石室墓の源流を探る上で、重要地域と思われた。 （江坂輝彌）

編集室より

◆道——といえば私にとって，何かしみじみとしたロマンを感じさせるもののひとつである。けものみちを思えば，日々のけものの生活を呼び起こさせる。ふみわけ道といえば，もっとも原初的なひとの歩みを感じさせる。つまり夢は，道の持っている世界にメタフィジカルな温みを与えるからに違いない。しかし実際は道は交通の交易・輸送などの文化（人工的世界）・経済と密接な関係があり，まさに現実生活の実質的変化を担っている。考古学では近ごろ，ようやく道への関心が高まってきたという。文化の地域的関連と文化の総体を支える道の研究の新たなる展開をますます期待したい。　　　　（芳賀）

◆新年のお慶びを申し上げます。皆様のますますのご健勝をお祈りいたします。さて，本号では道をとりあげた。編集部では毎月全国各地の新聞の切り抜きを取り寄せているが，最近とくに道に関する記事が増えたようである。それだけ関心の大きさを表わしているといえよう。それにしても，幅12mもある道が，しかも一直線で発掘されているのには驚く。奈良時代から平安時代に移るとかえって道幅が狭まるというのも面白い。これこそまさに考古学の偉大な成果といえるだろう。　　　　（宮島）

本号の編集協力者——木下　良（前國學院大學教授）

1922年長崎県生まれ，京都大学文学部卒業。『国府—その変遷を主にして—』『日本古代律令期に敷設された直線的計画道の復原的研究』などの著・報告がある。

坂詰秀一（立正大学教授）

1936年東京都生まれ，立正大学大学院修士課程修了。『歴史考古学の視角と実践』『歴史考古学研究ⅠⅡ』『日本歴史考古学を学ぶ』などの著・編がある。

■本号の表紙■
落地遺跡と山陽道

　道路とこれに面する官衙遺跡として，山陽道と播磨国初期野磨駅家に比定される落地遺跡は，初期駅家の形を示すものとして注目される。写真は西南上空から撮影しているが，現在道が山麓に沿って通るのに対して，古代道は峠から真直ぐに延び，想定駅舎はこれに沿って柵列に囲まれ，小規模ながら典型的官衙形式のコ字型の建物配置を示している。7世紀後半に始まる遺跡は，直ぐ側を川が流れる低地に位置しているが，8世紀中頃以降には峠の東側台地上の瓦出土地に移転したと見られる。左下は，隠岐国総社玉若酢神社宮司の億岐国造家に伝わる駅鈴。（写真提供・上郡町教育委員会，西郷町役場）

（木下　良）

▶本誌直接購読のご案内◀

『季刊考古学』は一般書店の店頭で販売しております。なるべくお近くの書店で予約購読なさることをおすすめしますが，とくに手に入りにくいときには当社へ直接お申し込み下さい。その場合，1年分の代金（4冊，送料は当社負担）を郵便振替（東京3-1685）または現金書留にて，住所，氏名および『季刊考古学』第何号より第何号までと明記の上当社営業部まで送金下さい。

季刊 考古学　第46号
ARCHAEOLOGY QUARTERLY

1994年2月1日発行

定価 2,000円
（本体1,942円）

編集人　芳賀章内
発行人　長坂一雄
印刷所　新日本印刷株式会社
発行所　雄山閣出版株式会社
　〒102　東京都千代田区富士見2-6-9
　電話 03-3262-3231　　振替 東京3-1685

◆本誌記事の無断転載は固くおことわりします

ISBN4-639-01209-8　printed in Japan

季刊 考古学 オンデマンド版　第46号　1994年2月1日　初版発行
ARCHAEOROGY　QUARTERLY　　　　　　　2018年6月10日　オンデマンド版発行
定価（本体 2,400 円＋税）

編集人　　芳賀章内
発行人　　宮田哲男
印刷所　　石川特殊特急製本株式会社
発行所　　株式会社　雄山閣　http://www.yuzankaku.co.jp
　　　　　〒 102-0071　東京都千代田区富士見 2-6-9
　　　　　電話 03-3262-3231　FAX 03-3262-6938　振替　00130-5-1685

◆本誌記事の無断転載は固くおことわりします　ISBN 978-4-639-13046-8　Printed in Japan

初期バックナンバー、待望の復刻!!

季刊 考古学 OD　創刊号〜第 50 号〈第一期〉

全 50 冊セット定価（本体 120,000 円＋税）　セット ISBN：978-4-639-10532-9

各巻分売可　各巻定価（本体 2,400 円＋税）

号　数	刊行年	特　集　名	編　者	ISBN（978-4-639-）
創刊号	1982 年 10 月	縄文人は何を食べたか	渡辺 誠	13001-7
第 2 号	1983 年 1 月	神々と仏を考古学する	坂詰 秀一	13002-4
第 3 号	1983 年 4 月	古墳の謎を解剖する	大塚 初重	13003-1
第 4 号	1983 年 7 月	日本旧石器人の生活と技術	加藤 晋平	13004-8
第 5 号	1983 年 10 月	装身の考古学	町田 章・春成秀爾	13005-5
第 6 号	1984 年 1 月	邪馬台国を考古学する	西谷 正	13006-2
第 7 号	1984 年 4 月	縄文人のムラとくらし	林 謙作	13007-9
第 8 号	1984 年 7 月	古代日本の鉄を科学する	佐々木 稔	13008-6
第 9 号	1984 年 10 月	墳墓の形態とその思想	坂詰 秀一	13009-3
第 10 号	1985 年 1 月	古墳の編年を総括する	石野 博信	13010-9
第 11 号	1985 年 4 月	動物の骨が語る世界	金子 浩昌	13011-6
第 12 号	1985 年 7 月	縄文時代のものと文化の交流	戸沢 充則	13012-3
第 13 号	1985 年 10 月	江戸時代を掘る	加藤 晋平・古泉 弘	13013-0
第 14 号	1986 年 1 月	弥生人は何を食べたか	甲元 真之	13014-7
第 15 号	1986 年 4 月	日本海をめぐる環境と考古学	安田 喜憲	13015-4
第 16 号	1986 年 7 月	古墳時代の社会と変革	岩崎 卓也	13016-1
第 17 号	1986 年 10 月	縄文土器の編年	小林 達雄	13017-8
第 18 号	1987 年 1 月	考古学と出土文字	坂詰 秀一	13018-5
第 19 号	1987 年 4 月	弥生土器は語る	工楽 善通	13019-2
第 20 号	1987 年 7 月	埴輪をめぐる古墳社会	水野 正好	13020-8
第 21 号	1987 年 10 月	縄文文化の地域性	林 謙作	13021-5
第 22 号	1988 年 1 月	古代の都城―飛鳥から平安京まで	町田 章	13022-2
第 23 号	1988 年 4 月	縄文と弥生を比較する	乙益 重隆	13023-9
第 24 号	1988 年 7 月	土器からよむ古墳社会	中村 浩・望月幹夫	13024-6
第 25 号	1988 年 10 月	縄文・弥生の漁撈文化	渡辺 誠	13025-3
第 26 号	1989 年 1 月	戦国考古学のイメージ	坂詰 秀一	13026-0
第 27 号	1989 年 4 月	青銅器と弥生社会	西谷 正	13027-7
第 28 号	1989 年 7 月	古墳には何が副葬されたか	泉森 皎	13028-4
第 29 号	1989 年 10 月	旧石器時代の東アジアと日本	加藤 晋平	13029-1
第 30 号	1990 年 1 月	縄文土偶の世界	小林 達雄	13030-7
第 31 号	1990 年 4 月	環濠集落とクニのおこり	原口 正三	13031-4
第 32 号	1990 年 7 月	古代の住居―縄文から古墳へ	宮本 長二郎・工楽 善通	13032-1
第 33 号	1990 年 10 月	古墳時代の日本と中国・朝鮮	岩崎 卓也・中山 清隆	13033-8
第 34 号	1991 年 1 月	古代仏教の考古学	坂詰 秀一・森 郁夫	13034-5
第 35 号	1991 年 4 月	石器と人類の歴史	戸沢 充則	13035-2
第 36 号	1991 年 7 月	古代の豪族居館	小笠原 好彦・阿部 義平	13036-9
第 37 号	1991 年 10 月	稲作農耕と弥生文化	工楽 善通	13037-6
第 38 号	1992 年 1 月	アジアのなかの縄文文化	西谷 正・木村 幾多郎	13038-3
第 39 号	1992 年 4 月	中世を考古学する	坂詰 秀一	13039-0
第 40 号	1992 年 7 月	古墳の形の謎を解く	石野 博信	13040-6
第 41 号	1992 年 10 月	貝塚が語る縄文文化	岡村 道雄	13041-3
第 42 号	1993 年 1 月	須恵器の編年とその時代	中村 浩	13042-0
第 43 号	1993 年 4 月	鏡の語る古代史	高倉 洋彰・車崎 正彦	13043-7
第 44 号	1993 年 7 月	縄文時代の家と集落	小林 達雄	13044-4
第 45 号	1993 年 10 月	横穴式石室の世界	河上 邦彦	13045-1
第 46 号	1994 年 1 月	古代の道と考古学	木下 良・坂詰 秀一	13046-8
第 47 号	1994 年 4 月	先史時代の木工文化	工楽 善通・黒崎 直	13047-5
第 48 号	1994 年 7 月	縄文社会と土器	小林 達雄	13048-2
第 49 号	1994 年 10 月	平安京跡発掘	江谷 寛・坂詰 秀一	13049-9
第 50 号	1995 年 1 月	縄文時代の新展開	渡辺 誠	13050-5

※「季刊 考古学 OD」は初版を底本とし、広告頁のみを除いてその他は原本そのままに復刻しております。初版との内容の差違は
　ございません。

「季刊 考古学 OD」は全国の一般書店にて販売しております。なるべくお近くの書店でご注文なさることをおすすめしますが、とくに手に入り
にくいときには当社へ直接お申込みください。